IACOBI PRIMI

ANGLIAE,

SCOTIÆ, FRANCIÆ,

ET HIBERNIÆ REGIS,

fidei defenforis,&c.

ΒΑΣΙΛΙΚΟΝ ΔΩΡΟΝ,

SIVE

REGIA INSTITVTIO.

AD

HENRICVM Principem *primo-genitum Filium fuum, & ha-redem proximum.*

Ad autographon Regium Londinenfe quam di-ligentifsimè recufum.

HANOVIÆ

Apud Guilielmum Antonium,

MDCIV.

AD HENRICVM

CHARISSIMVM FILIVM
meum, & successorem
proximum.

D quem potius, quàm ad
te, charissime Fili, spectare debeat liber iste de institutione Principis in o-
mnem officii sui partem, siue vniuersim, vt hominis Christiani in Deum,
seu singulatim vti Regis in subditc. ?
Cui, inquam, potius quàm tibi de-
beatur, non reperio.: quãdoquidem
ego eiusdem author, tuus etiam Pater cum sim, quidni vel sollicitè in id
studii incumbam? cum vt te primo-
genitum meum diuineque clementiæ in meam sobolem primitias, satis
ad omnem virtutem habeam instru-
ctum: tum vt Rex tibi legitimo hære-

A

di,&ſucceſſori meo in omnes Regiï
muneris partes ſedulo informando,
tempeſtiuè proſpiciam. Vt nimirum
hiſce preceptis imbutus, edoctus etiam ſis, quam graue tibi onus ſubeū-
dum ſit, matureq; apud te cogitare
poſſis, Regno natum, Oneri potius,
quàm Honori deſtinatum eſſe : me-
mineriſq; te nõ tantum ſubditis tuis
gradus eminentiâ, & dignitate præ-
cellere, quin multò magis aſſiduis
curis, periculis, laboribus exantlãdis
ceteros omnes longè ſuperaredcbe-
re; modò magnũ illud munus à Deo
Immortali tuis humeris impoſitum
rectè, probeque adminiſtrare velis.
Hoc pacto & Honoris præcellentia,
& Onerisgrauitate equa lance truti-
natis, & quid vtrumque valeat, facilè
perſpexeris, & quam calamitoſus ille
caſus futurus ſit, ſi quãdo, quod Deus immortalis omen auertat de tãte
dignitatis faſtigioprecipiteris. Vt ergo labenti memorie facilius ſuccur-

ratur

ratur , & exactiore calculo omnia
subducantur; vniuersum huc tracta-
tum in tria membra dispartiri volui.
Primū, in Deū, vt hominis Christiani docet officium. Secundum, Regis in subditum. Tertium, rerum indifferentium, τὰ ἀδιάφορα Gręci dicūt,
disciplinam continet: quæ cum per
se neq; bona, neq; mala, sed medię &
mixtæ cuiusdam naturæ sunt, ex vsu
vitę communis, prout bene vel malè
vtaris, ita nomen & naturam sortiun-
tur: Quæ tamen quòquò te vertas,
quoquo modò te geras, vel ad immi-
nuendam, vel augendam famam &
existimationem tuam, in animis hominum plurimum valent. Accipe i-
gitur librum hunc, & tanquā institu-
torem probū, & consiliarium fidum
amplexare: cumque occupationum
mearum ratio me semper præsentē
esse nō sinit, ideo meo loco fidelem
hunc monitorē, qui tibi assidue adsit, mihi suffectum volu: & quoniam

A   3

ipfa hora mortis, cum mihi, tũ omni
humano generi valde fit incerta; i-
deo hoc ꝑteftamẽto feu vltima vo-
lũtate mea tibi relinquo. Hoc infu-
per tibi præcipiens, idq; in cõfpectu
Dei, perq; patriam illam poteftatem,
quæ mihi in te eft, vt non minus dili-
genti cuftodia eum apud te, quã *A-*
lexander ille magnus *Homeri Iliadẽ*
afferuaris. Iuftum eũ fidumq; habe-
bis cõfultorem, ab omni ftudio partium alienum: neq; vitiis indulgen-
tem, nec intempeftiuè importunũ.
Haud facile accedit non vocatus, &
minime refpõdet nifi interpellàue-
ris & tamen conferas modo fermo-
nes, cũ otiũ erit, &, ni fallàr, *Scipionis*
illud vfurpaueris dictum, *Nunquam*
minus folũ te fore, quàm cũ folus fueris.
Vt igitur concludam, hoc tibi in mã-
datis hꝰ beas, per Paternam meã benedictionem, quã à me pro merito
tuo vel fperes, vel optes, vt hifce veftigiis infiftas, præceptis inhæreas, in
                              omni

omni vita exerceas: à quibus si reuel
deflectere, vel contrariã insequi se-
mitã cõtigerit, Deum summũ testor,
me ex hoc libro cõtra te litẽ aliquã-
do cõtestaturũ : vnde etiã ratẹ & fir-
mẹ in cælo diræ illẹ imprecationes
futurẹ sunt, quib' ego te hoc nomine deuouerim; eundemq; Deum te-
stem appello, me Patris orbitatẽ fi-
liorum improbitati lõgè anteferre.
Sed cum valde sperem, seu cõfidam
potius Deum omnipotentem qui ꝓ
immẽsa sua bonitate te Filio me bearit, velle etiam per eandem miseri-
cordiam suam & probo, & pio Filio
feliciorem reddere; desino plurib'
tecum agere: si tamen prius à Deo
immortali precibus contendam, vt
per diuinam suam gratiam in te vires
suas exerentem, vberrimos proferat
fruct' hẹc benedictio mea: quã hisce
ab intimo cordis mei in te
collatam accipies.

Tui amantissimus
Pater I. R.

A. 4

§

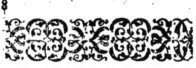

AD LECTOREM
Præfatio.

Luc.12. *Nter aurea illa Christi noſtri Seruatoris effata, illud vnum exiſtit, Ni-*hil tam obtectum eſſe quod non retegetur: neque tam abſtruſum, quod non e-noteſcet: quicquid in tenebris quis dixerit, id in vulgus aliquando ema-nabit; & quod in aurem clanculum inſuſurarint, id publicè etiam vòci præconis ſubiicietur. *Quod cum ipſe dixerit, quin veriſſimum ſit . fieri ali-ter non poteſt; ſiquidem ab ipſo autore, & fonte ab ipſa verâ veritatis eſſentia profluxerit: quo magis incitari omnes boni debeant ad diligentem in omni a-ctione, etiam occultiſſima, cautionem*

adhi-

adhibendam, quibus tandem admini-
culis suffulciantur ad assequendum illud, quod concupiuerunt: ne forte, licet
alias ad laudatissimam quamque me-
tam colliment, prodita tamen me-
diorum, quibus nitantur, turpitudine,
id totum, ad extremum cum operis, tũ
autoris probro, & dedecori vertatur.
Quæ enim tam profunda consiliorum
arcana cogitari possunt, quæ omniuidẽ-
tem illum oculũ effugere valeãt? cuius
acies tam penetrãs est, vt per ipsam mediam tenebrarum abyssum permeet, &
pernagetur.

Neque verò tam in vniuersorum a-
ctionibus hoc verum est, quin multo
magis in Regum, & Principum vita, &
moribus locum habet: Qui cum publica persona sint, propter munus illud, &
authoritatem quam sustinent, in luce,
in meridiano sole versantur, & tanquã
in publico theatro omnibus conspicien-
dis collocantur: vnde omnium oculi tã
fixè in eos intenduntur, vt vel in abdi-

A 5

tissima eorum designata penitissime in-
trospiciant: Quo magis sollicitis Reges
esse debeant, vt ne minimam in animis
residere patiantur cogitationem, nisi
quam palã aliquando asseuerare haud
exubescant: certo, certius confidentes,
Tempus veritatis parentem, filiolam
suam stato tempore in lucem editurã.
Hoc adeo vel in me ipso Rege, idq, Deo
dante, sine aliquo dedecore frequens,
vsus, & experientia verum esse cõpro-
bauit. Omnes enim vitæ meæ rationes
ita subductas habui, ac si Deum con-
tinuum inspectorem haberem: intima
meaquæque consilia, conatus, studia,
ita perpendere, & appendere sum soli-
tus, quasi ad aurificis staterã, nõ popu-
larem trutinã, forent aliquando reuo-
canda. Inter cætera verò mea secretio-
ra, quæ nõ cogitante me in vulgus prodierunt, illud meum Basilicon Dôron,
vnum est filio meo primogenito dicatũ;
quem librum partim ingenii mei exer-
cendi, partim illum instituendi causa

cõticonscripsi, quem Deus immortalis, vti spero, huic solio, & sceptro secundum me iam successorem destinauit. De materia autem subiecta circa quã versatur, cum Regi soli propria sit, vtpote quæ illum in officio erudiat; persona autẽ, cui addicatur, Regius Hæres, cui in consiliis secretum, in preceptis fidelem eum esse oporteat; nullo modo vel conuenire, vel decere existimaui, vt ante omnibus diuulgaretur; quod vnum solum attingeret, præsertim cum inter duos tam arctè coniunctos internuntium ageret, aut vt exẽplar illud, ad cuius imitationem etiam adultioris ætatis aditæque hæreditatis futuri mores effingendi essent, tam intempestina festinatione omni populo quasi prostitueretur, in quo sacra futuræ felicis gubernationis mysteria reconderentur. Qua de causa, vt melius ista in occulto laterẽt, septem solummodo exẽpla excudi permisi, impressore primum de silentio iurato: Hæc autẽ septem, quibus

A. 6.

dam ex intimis meis distribui curaui,
a quibus clanculum asseruarentur; vt
si forte vel vetustate, vel temporis ini-
quitate quædam eorum intercidissent;
aliquod saltem ex istis filiosuperstes re-
maneret cum animi mei candoris, tum
paterni in illum amoris testimonium.
Sed quoniam quod ante a dixi, longe a-
liter, atque ego existimarem, liber iste,
quasi hasta in foro posita. omnibus ve-
nalis exponatur, & propterea vt oculis
omnium ita etiam sermonibus. & iudiciis obnoxia, prout suus cuinsque affectus sibi dominatur : hinc fit, vt vel
muitus cogar, tam obtrectatorum quorundam maleuolentia resistendi gratia, qui vesparum instar ex quauis sa-
lutifera herba mortifera venena exsu-
gunt, quàm probis & honestis satisfaci-
endi; si quid forte in eo minus rectè ac-
cipiant, cogar, inquam; nõ solum vera
huius libri exempla in publicum pro-
ferre sparsimque distribuere, quò facilius falsa illa & adulterina, longè, late-
que,

que, vt audio, disseminata penitus è
medio tollátur; verumetiã in ista præ-
fatione quædã enucleatius dicere, qua
ratione conscisa & succincta breuitatis mea minus rectè forsan intelligi potuissent.

Vt ergo paulo minutius ista pertra-
ctemus, duo præcipue in libro meo re-
periũtur, quæ, vt audio, à maleuolis ob-
trectatoribus atriùs exagitãtur: quosdam etiam ex honestioribus, ea haud
satis candide interpretari: quorum v-
num idque grauissimum est, nonnulla
Enunciata mea magnam hominibus
ansam præbere dubitãdi, me in illa Religionis sinceritate nonnihil vacillari,
quam semper hactenus professus sum.
Altera est, quod contra Angliam, seu
potius nõnullos in eadem viros primarios videar apud me vindicias fouere:
& Regina matris mea querela prefra-
cte me velle persequi.

Prior calumnia omnium grauissima non alio nititur fundamento, quã

quod acerbius Puritanorum & praeci-
pitum quorundam cōcionatorum mores & humores perstrinxerim: qui magna laudi sibi ducunt, si quando ipsis
Regibus litem intentant, & uniuersa
Regna nimis seditiose perturbent. Alterum calumnia caput ex eo ortum habet, quod filio meo strictè praeceperim,
ne quid aduersus parentes suos vel Regios proauos maledicti, vel ipse audias,
vel alibi loquentes feras: cuius rei ar-
gumentum ex mea ipsius experientia
de Regina matre mea depromptum
in medium profero; vereque mihi videor affirmare, ex iis omnibus, qui
modo regnante Regina matre prone-
ctiores aetatis tum essent, me neminem
inuenisse, qui tanta cum fide & constā-
tia res meas aduersus exciperent, quā-
ta ii qui in illam, dum viueret, inuiolatam fidem & obseruantiam surtam
tectam, semper conseruarēt: sed aduer-
tat modo diligentius aequus lector, tam
materiam, quàm ordinē huius tracta-
                                    tus,

tus & tum demum.quanta me iniuria,
affecerit vtriusq̃ calumnia, facile poterit iudicare. Liber verò meus exiguus,si in tria membra diuidatur, primum ir.sacris quomodo se gerat, & in
religioso Diuini Numinis cultu. Regem instruit. Quo quidem in loco meam de Deo & de religione sententiam
ita clarè.& dilucide omnibus expo-
sui, eam nimirum innnes, in qua altus
& educatus sum, cuiusq̃,ab incunabulis semper alumnus, & professor fua-
rim: filium etiam meum hortatus, vt
in eadem persisteret, tanquam in illa,
qua nihil adumbratile,futile nihil, nihil admixtum,sed qua solidam, vinã,
& expressam Diuini cultus imaginem.
in se contineret: vt facile crediderim,
me in illa prima parte tam apertam,
& simplicem sequutum esse,& docedi;
& dicendi viam, vt vel oblatranti sen.
maledicenti cuius subito os obstrue-
ret, etsi vel ipse quidem Momus
ab Inferis esset excitandus, nisi forta

memet mihi ipſi contrarium dixerint:
quod in tam paruo volumine, ingenium debile, memoriam valde lubricam
nimium argueret. Altera pars ſilium
docet, quomodo in maximo illo munere ſuo in Iuris Iuſtitiaque adminiſtratione & Reipublicæ gubernatione ſe gerere debeat. Tertia & ultima mores
Regis exteriores effingit, & format: rerum indifferentium doctrinam demõ-
ſtrat: Qui modus, quæ ratio ineunda
ſit, ut exteriores ſuas actiones cum in-
terioribus animi virtutibus iuſta proportione, & harmonia conſêperet: quomodo hac vel interpretis vice fungi debeat, ad intima mentis ſenſa indagan-
da: præſertim eis, qui, niſi quatenus
iis, quæ foris ſunt, quæq̃ ſenſibus extra
percipiuntur, quaſi manu ducantur,
ulterius diſpicere prorſus neſciunt. Ita-
que ſi hoc ſolum agerent Prævaricato-
res mei, ut ipſum ordinem libri ratio-
nemq̃ procedendi paulo penitus conſi-
derent, prima illa, & grauiſſima repre-
henſio-

hǽsione de Religione, cuius me falso insimulare volunt, satis abunde vel inui-
ti me liberabūt: cum in illa prima parte, qua Religionis disquisitionem continet, tam planè & apertè loquutus sim.
Aliis verò in locis, quæ in Puritanos
à me dicuntur, ea de inconcinnis & in-
conditis eorum moribus intelligi de-
bēt: quæ etiam ob eam causam, in illa
parte qua de ciuili gubernatione tractat, liberius perstrinxi. Quodnam e-
nim dignum istis supplicium cogitari
poterit? qui, cum & Reges & Leges ob-
stinate contemnunt, gigantum more
cum Deo pugnant, & Solem è mundo
tollere conantur. Iam verò, quod ad i-
psum caput totius huius accusationis
attinet, vt melioribus, & prudentiori-
bus à me satisfiat, & ex iusta mea defensione contra omnes maleuolorũ impetus firma subsidia mihi vndiq, com-
parem, ipsa verba paulo altius repetã,
quæ tantam illis bilem videntur com-
mouere.

Primum igitur ad Puritanorum
nomen quod attinet, non me latet co-
gnomentum hoc proprie, & præcipuè,
vilissimæ illi Anabaptistarum sectæ accommodari, quam Familiam amoris
vulgo nuncupant: propterea quod hi
solos sese ab omni peccato quasi puros,
putos æstimare solent : se solos veram
Ecclesiam esse, vera Sacramenta dignè
& merito participare, reliquos omnes
mortales Deum, tanquam impios &
prophanos abominari. De hac præcipuè,
sectâ intelligi volo, quæ de Puritanis
loquor: quorum nonnulli, vt Brunus,
Penreus, aliique, aliquoties in Scotiam aduentarunt, vt infelix illud Lo-
lium nostris frugibus intersererent:
quorum doctrina tam pestiferi satu,
vtinam in ipsa herba oppressi fuissent,
nec tam magna malorum messis ab eorum colonis expectanda esset, qualem
iam in spica, suo tempore nimis vbe-
rem futuram promittunt. Hoc autem
cognomento ideo cerebrosos istiusmodi
cen-

concionatores phanaticos eorum di-
scipulos,& pedißequos insignire volui,
quia cum ipsum nomen auersantur,
eadem tamen cum illis dogmata, eandem disciplinam pertinacissime pro-
pugnant,nec in genere solum illi Anabaptistarum haresi astipulantur, dum
ciuilem magistratum despicatui habent,& à suis ipsorum insomniis &re-
uelationibus toti pendeant, sed multo
etiam propius in hanc sectam sese de-
dunt,in eo quod ceteros omnes, qui in
eorum phantasmata iurare nolint, pro
prophanis deputet:nec minores tragœ-
dias in quibusuis Ecclesiastica politia
minutiis concitant, quam si de Trina
Numinis ἰσότητε digladiarentur:sa-
cras literas ipsorum conscientiis, non
conscientias sacris literis aptant,& ac-
commodant:hæc eorum Axiomata,
qui inficiatur,sit tibi Ethnicus,& Pu-
blicanus,indignᵒ prorsus qui communi elemento,nedum diuino sacramen-
to gaudere debeat,Rex,populus,leges,

omnia collabantur, & corruant potius,
quam aliquod ex ipsorum consectarius
infringatur: imò verò si ita occasio tulerit, non solũ contra Christianos Principes, inquiunt, arma sumere nonpro-
hibemur, sed ne precibus quidem nostris Deo commendandi sunt. Nam
Deum orare cum fide coniunctum esse
oportet: diuinitus autem eorum conscientiis reuelatum habent pro huiusmodi Principibus Deum exorari nolle:
Iudicium ergo penes tē esto, qui hac le-
ctitas, si istiusmodi hominibus iniuriã
facio, quum eos illius secta nomine in-
signio, cuius errores imitantur: cur e-
nim quorum insignia gestant, eorum
nomen, & appellationem dedignētur?
Atq; ex isto genere hominum sunt ii, in
quos in libro meo vehemētius inuehor,
quos etiam à filio meo seuerius cohibe-
ri cupio, si quando legibus obtemperare
recusent, & turbidos in populo mõtus
concitare non desinant: contra istos fa-
teor me acerbi° inuectum esse: propter-

ξ 4.

ea quod nõnulli eorum famofos quof-
dam libellos calumnia, & maledicen-
tia plenißimos, in vulgus ediderunt.
Quibus non tam principum Chriftia-
norum nominis ſplendori, & fama, labecula aſperſa eſt, ſed ipſi etiam Religioni, quam profitemur, nota quædam
infamia inuſta, ſub cuius pratextu, &
velo ea in lucem prodierunt: Quæ ſcripta à nullis aliis, quod ſciam, quam à
Pontificiis refutari video: iſtorum autem is mos vt plurimum innaluit, vt
non tam ipſos ſcripturientes laceſſant,
quam ipſam potius Religionem ex pro-
feſſo oppugnent: quo pacto augeri, non
auferri probrum videmus. Iam verè
ex altera parte profiteor, proteſtorque
per illam nominis mei exiſtimationẽ,
quam apud omnes bonos illaſam ſeruare cupio, me de omnib⁹ vniuerſim præ-
dicatoribus minimè ſenſiſſe: ne de illis
quidem, quibus ſimplex illa Eccleſia
noſtra gubernanda forma magis placeat, quã multiplices illa Eccleſia An-

glicana ceremonia: quibus persua-
sum est Episcopos illos papalem quandam olere potestatem, superpellicium,
pileum quadratum, aliaque eius generis exteriora, Pontificiorum erro-
rum esse insignia. Minime gentium. Imò tantum abest vt in istis rebus, quas indifferentes semper putaui,
contentiosus esse velim, vt sine dis-
crimine vtriusque opinionis sectatores, graues dico, & doctos viros, & a-
mem, & magni faciam: neque mihi conuenire arbitror in tam veteri
controuersia tam facile sententiam
dicere. Omnes nos, Deo sit gloria, vna
& eadem posuimus fundamenta: sed
nimia quorundam in istis quaestiuncu-
lis disceptandis amarulentia, valde pacem Ecclesiae perturbauit, & ipsis pontificiis ad nos oppugnandos ex nostris
dissidiis aditum, & viam praemuniuit.
Istis autem haec mea sit cautio, vt lege repugnante intra suarum opinionum septa modeste, & sobriè sese con-
tine-

tineant: neque authoritati resistatur,
nec patrius mos temere repudietur:
præcipuè verò ab omni seditione &
factiosa iudiciorum distractione penitus abhorreant: animasque in pace pos-
sidentes, in id sedulo incumbant, vt patientia & bene fundatis rationibus vel
alios ad suas partes pertrahant, vel si
ex altera parte rationum momēta præ-
ponderare videant, in illas inclinare
partes turpe non putent, omni præindi-
cata opinione longe remota.

Atque istuc solum præ se ferre librū
meum, non vllam alioqui in me frigi-
dam, lentam, aut nimis remissam religionem, ille locus planè demonstrat; in
quo, post quam næuos, & maculas Ecclesiæ nostræ quasi adumbrassem, tum
filium meum ad munificentiam &
benignitatem versus verbi ministros
exercendam excitare studeo: Ibidem
etiam à me gratiæ Deo aguntur, quod
in præsentiarum istorum bonorum &
prudentum virorum satis magnus

numerus in hoc Regno reperiatur;
(quibus tamen, vt omnibus constat,
Ecclesiæ Anglicanæ forma haud parū
displicet) imo verò tantum abest, vt in
eo loco aliqua inquinamenta in religione admittam, vt filium commone-
faciam, ad quam maximam curam &
diligentiam in ministrorum ordina-
tione adhibendam, ne forte in ecclesiā
aliqua corruptela irrepere possit. Atq;
hanc etiam formam per integrum librum vsurpare soleo, vt quandocunq;
de malis ministris sermonem habeam,
aliquos tantum è ministris speciatim
denotem; non vniuersim ministros in
hoc crimen vocem. Denique vt hoc de
Religione caput concludam: cur vel
tepidum, vel irresolutum, & vacillantem in religione quispiam Momus me
nuncupauerit, quia de matrimonio filii loquutus, si forte ante illud tempus
mihi quid humanitus contigerit, filiū
meum præmonitum velim eorum in-
commodorū, quæ necessario consequu-
tura

tura essent, si vxorem duceret, quæ dis-
crepantem profiteretur religionem:
Quanquam nescio quomodo in tanta
paucitate Principum protestantium,
difficile factu erit, ex illo numero aptũ
& commodum suo loco & ordini inue-
nire coniugium.

 Alterum vero accusationis caput
est, quod in quibusdam huiusce libri
pagellis certam vindictam, & apertas
inimicitias contra Angliam, aut aliquos in ea viros primarios spirare videar. in quo satis mirari nequeo ex
quibus præmissis ista conclusio infera-
tur: etenim sicuti ex vna parte ne primis quidem lineamentis Angliam in
eo loco adumbraui: ita ex altera parte
Scotos suis quasi coloribus penicillo de-
pinxi: hisce autem verbis argumentũ
concludo: me nimirum amore quodam
in filium eò prouectum esse, vt ita aper-
te, & sine ambage loquar: dummodo e-
nim illi veram animi sententiam, sincere & sine omni fuco depromam, quid

B

isti proditores, aut proditorum patro-
ni de me existiment nihili astimo. An-
glos autem significari non potuisse ex
eo perspicuum est : Quomodo enim
proditores in eum nuncupari potuerunt, cui nullum obsequium, nullam
fidelitatem aut obseruantiam debue-
rūt? neq; me latet, quā scitum, & Principe dignū Apophthegma Anglia Regina iam tum protulerit, quum diade-
mate suo & corona cingeretur: sed ex
scopo illius disquisitionis facile ma-
nifestari mens mea potuit, illo prace-
pro filio meo fundata, ne videlicet a-
liqua in progenitores verba iniuriosa
proferri vnquam pateretur: illo exemplo Regina matris mea adhibito, in
eum solummodo finem, vt argumen-
tum mea experientia quoad Scotos
esset, nulla omnino vindicte facta
mentione. Neque vero Regis, quum
debitum nomen delictis indunt, i-
deo statim delinquentibus veniam
prascindunt. Imo verò me matri mea
vno

vno gradu propinquiorem filio scio,
neque tamen vel me ita indignum re-
puto, velita morti vicinum autumo,
vt Dauidicum iam mihi testamentum condendum sit; semperque veri
principii esse existimaui, hasta potius,
quam penna, gladio quam stilo iustam
suam vindictam exprimere debere.
Sed in hisce prolixior esse nolo: id solum
cupio, vt homines ex præteritis meis a-
ctionibus futura diuinare, & præsagire
non dubitent.

Atque hæc hactenus de duorum i-
storum capitum dilucida explicatione:
in qua eò diutius insistere volui, quoad omnibus bonis plenè abundeque sa-
tisfactum sit: neque istos maleuolos
obtrectatores quicquam moror, qui
venenata illa sua maleuolentia esca
quantum velint pascantur; te autem, amice lector, rogatum velim,
vt candidè meam in hoc libro animi
sententiam interpretari velis.   Neque me latet maximam partem inco-

larum huius insula valde curiose in e-
um inquisiuisse: nonnulli amore forsan
ducti, vtpote qui de meliore nota me
cognouissent: alii fama quadam, qua
de me sparsam inaudiuerant, auebant
aliquid videre, & legere, quod ab illo
authore, quem ipsi ita amarent & cole-
rent proficisceretur: præsertim quum
viua quadam Idea & simulachra me-
tis authoris ipsius libri haberi soleant.
Quidam nouitate pellecti, qui omnia
indagare honori sibi ducunt, appeten-
tius huius libri aspectu oculos suos sa-
tiare concupiuerunt; vt saltem sese vi-
disse aliquando gloriari possent. Alii
deniq; iniusta nimis inuidia in ipsum
authorem exæstuantes, auide huic libro inhiarunt: qui ita sese νωνσωμάχως
esse deprehenderunt, vt salutaria
quæque alimenta in noxios & peccan-
tes humores facile conuerterent. Vnde
fuit, vt ex hoc tanto curiosorum con-
cursu, licèt aliàs inter sese & moribus,
& humoribus valde discrepent, intem-
pestiua

peſtiua hæc & planè coacta libri mei
prodierit editio, animo & voluntati
mea, vt iam antea dixi, valde contraria. Cui quidem, tam diuerſorum capitum ſpectatorum Hydrę, quem appo-
nam clipeum nõ reperio: præter quam
ſimplicitatem, patientiam, integritatem: ſimplicitatem, dum prima claſſis
aduerſarius ſatisfacio: patiētiam, dum
ſecunda ignorantiis indulgeo: integritatem, dum tertiæ claſſis maleuolenti-
am in certamen prouoco. Et quanquã
vniuerſis placere nequeam, mihi tamē
ſatis ſit ſi bonis & probis mea probare
poſſim: quorum ſi forte aliquibus, etiã
mea haud ſatis expectationi reſpondeant, & ipſius materiæ ſubiectæ dignita-
ti; eos tamen etiam atque etiam admo-
nitos velim, vt modeſtia ad tempus &
æquioribus cogitationibus vacare ſtu-
deant, atque in memoriam reuocent,
Deum Immortalem non vni homini
omnes ſuas dotes indidiſſe, ſed alias a-
liis variè, & proportione quadam di-

B 3

tribuiſſe: plures oculos plura videre:
eamque in hominum mentibus inſi-
dere varietatem opinionum, vt Quot
capita, tot ſenſus.   Id quod etiam
ipſi hominum vultus, & facies quas
Natura diuino beneficio in lucem pro-
crearit, manifeſte demonſtrant : in
quibus etiam in ipſis lineamentis, in
vmbris & eminentiis magnam varietatem, ſeu diſcrepantiam potius videre eſt.   Neque ſanè, vt verè dicam
quod ſentio, in animo meo vnquam
fuerat, in hiſce rebus pertractandis,
omnia, quacunque vel ex ſelectiori-
bus ſcriptoribus, vel ex meo ipſius ingenio, & experientia ad perfecti Regis
informationem depromi potuiſſent, in
medium afferre, ſed quædam ſolum-
modo præcepta ad huius Regni admi-
niſtrationem filio meo inculcare, ea videlicet, quæ & illi inſtituendo accōmo-
datiora, & me inſtitutore digniora videri poſſent.

Quodſi in opere iſto nonnunquam
ad ni-

ad nimis particularia descenderim,
id materiæ subiecta necessitati tribua-
tur: Qui vt principem confuse tantum & in genere informarem; non
ideo hanc telam pertexui; sed vt singula quæque etiam minutissima præcepta filio meo enuclearem: ex quibus
tanta vtilitas percipi non potuisset, si
latiore tantum specie, & non ad amuß-
sim cum Regni morbos, tum ipsorum
remedia vndiquaque conquisita ex-
hibuissem. Mihi autem vt Regi hoc
magis conuenit, quàm alteri qui bu-
qlav & πράξιυ istorum depictius forsan
exprimere didicerim, quàm quiuis i-
storum è schola, qui Regnorum Ideas
tantum sibi nescioquas in animis effin-
xerunt.

Quod si quibusdam in locis videar
obscurior, id breuitati dictionis tribu-
endum est: adquam cum mei ipsius ratione, tum filii mei causa vel inuitus
impellebar: mei ipsius propter otii tem-
porisque angustias, & infinitas occu-

pationes meas, quibus ita assiduè disti-
nebar, vt nemo mearum rerum tam
insolens esse posset, si modo vel tãtillum
de me audierit, cui magna illa oneris
mei moles, laborumque molestiæ non
innotuerint : filii mei causa, vel quia
ex me ipso compertum habeo, Principem, quam diu in ætatis flore constitutus sit, aliquo tempore oblectamenti genere tam facile abduci solere, vt ma-
iusculi alicuius voluminis lectioni se-
rio vacare nequeat. Sumpta verò iam
virili toga, in illam partem muneris
sui, quæ in agendo consistit, ita eum in-
tentum esse oportet, vt multas horas
in commentando collocare minime ei
-concedatur: adeo vt neque illi conduceret, neque in me vel cadere posset, lã-
gior disquisitio. Nonnullis autem cu-
riosis parum me debere profiteor, qui
-vt videtur, iusto hæc longiora deputã-
tes, cum eis ad transcribendum, neque
-otium, neque tempus suppeteret, notu-
las quasdam è libro meo eduxerunt, &

nimia

nimia festinatione, dum dimidiatam
argumenti partem arriperent, alterum
plane præterierunt. Haud illi dissimi-
les, qui cum illam partem Psalmi, Nó
est Deus, in medium proferret, præce-
dentia verba, nimirum, Dixit insipiens in corde suo, penitus omisit. Ex i-
stis autem notulis opusculum quoddã
consarcinatum est sine ordine, sine materia subiecta. Inscriptio etiam indita:
Regis Testamentum nuncupatur.
Quasi vero duobus illis in sacris literis Testamentis tertium ego ex meo ag-
glutinare voluissem. Id inficias non eo
quodam in loco, ubi vehementius asse-
uerando quædam filio meo persuadere
cupio, meipsum tanquam in ultimo
meo Testamento loquentem introdu-
co. Cum enim quispiam animi sui sententiam in scriptis posteritati reli-
querit, quia scripta illa authoribus suis
magis longæua solent esse, ideo Testamentum illud, seu Vltima voluntas ipsius scribentis non absre dici poterit,

B. 5.

atque hac etiam ratione eodem in loco
ipse hunc librum, non Testamentum,
sed quasi Testametum appellare volui.
Quod si quis librum aliquem, a quouis
argumento in eo contento, inscribere
velit, non minus ridiculum hoc foret,
quam si quis librum Psalmorum, Dixit
insipiens, nucupauerit, quia vnus vel
alter Psalmus ab hisce verbis exordiu
sumat.

Sed nunc nouos istos aliewerum librorum Nomenclatores, vnaque eoru
ineptias, & vanitates missas faciens,
ad rem redeo: deque libri mei breuitate pauca attexam; veritus nimirum,
ne, quacunque in huius rei defensione
à me dicantur, quibusdam tamen è
vicinis nostris regionibus vix, aut ne
vix quidem satisfacere valeant. Qui
cum omnia gubernationis nostra
non mala solum, sed & remedia eorum
in libro isto minutissime à me petra-
ctantur, tamen aliquod etiam à me
expectarunt amplius, quod nutantem

&

& vacillantem, nõ dico labefactatum
eorum Statum penitus perstringeret.
In quo facilius, vti spero, mihi igno-
scent, si formam ipsam, quam in istis
sequutus sum, paulò altius perpendãt.
Nam quum hic solum ex mea ipsius
experientia filium erudierim, quæ potissimum administrationis formæ huic
Regno conduceret, in una autem parte de finibus loquutus, ibi cum excu-
satione quadam plane præ me tuli, me
nihil de Statu Angliæ dicturum, cuius me inexpertum ingenue professus
sum: Illud certè me latère non potest,
nulla Regna suis morbis & vitiis carere: quam multum etiam mea intersit, secundus vel aduersus illius Regni
successus: nam & me tacente, propin-
quitas sanguinis pro me palam loquitur: verum enimuero quum ibi iam
legitima præsideat Regina, quæ per
tot annos tam prudenter & prosperè
regna sua administrarit, vt verè mihi videar dicere, post Augusti Im-
peratoris Romani tempora, nulla vel

vetufta, vel præfentia fecula huic pro-
duxiſſe parem:minime me decere exi-
ſtimaui, illi ſcientia & experientia lõgè inferiorem, in aliena republica cu-
rioſum eſſe,aut in alienis piſcinis piſca-
ri, quod vetus eſt. Quin contra potius,
Deo fauente, diuinum illud præceptũ
ſemper obſeruaturum me ſpero, vt aliis
id faciam, quod mihi ipſi fieri cupiam:
neque dubitem prorſus, imò verò ex
præterita felicis gubernationis experientia edoctus, pro illa fidenter ſtipulari
auſim, neminem, è ſubditis ſuis tam vi-
gilanter in eam partem excubaturũ,
ne quid vitii, aut morum labecula in
illam Imperii formam irrepſerit, quin
illa ipſa, dignitatis & conſcientiæ ſuæ
ſarta tecta conſeruanda gratia, multo
flagrantiore deſiderio exarſerit, omnes
illas ſordes expurgandi, & rempublicã
priſtino ſuo nitori reſtituendi: vlterius
autem, vt illa ſuperſtite, ego me hiſce
rebus ingeram, nemo eſt omnium, cui
minus conueniat.

Atq́ hac hactenus, post quam omnes
illas difficultates, quæ operi huic incō-
modare potuissent, procul amouerim,
id solum iam superest, vt te, beneuole
lector, rogatum velim, vt non tam ingenio meo exclusum hūc fœtum, velut
opus vndiq́, perfectum, & omnibus suis
numeris absolutum respicias, quin
multo magis ipsius authoris candorem
atque integritatem amplexeris. Quod
ad me attinet, in illo solum gloriari me
posse videor, me nullam virtuti macu-
lam aspersisse, nihil etiam laudis alicui
vitio affinxisse. Quod si fortè non ita
splendide, vti par fuit, suis ornamentis
condecoretur, eum tamen apta omniū
membrorum compositione esse, nihil
monstrosi, nihil deformitatis, in eo inueneris. Quum autem primo in occulto scriptum lateret, nunc verò necessitate quadam, non ambitione in publicum prodierit, ita eum ab omnibus ac-
cipi velim, tanquam viuam & veram
animi mei imaginem: eamque admi-

niſtrandi formam, quam mihi, & meis
in poſterum præſcripſerim imitãdam.
Quam, vt in omnibus actionibus meis
hactenus pro viribus exprimere contẽ-
di, quatenus & muneris mei ratio, &
temporis conditio pateretur: ita etiam
repræſentationem quandam in ſe continet illius rei, quæ à me deinceps expe-
ctari debeat, & cui obſeruandæ etiã in
intimis meis cogitationibus memet in
futurũ aſtrinxerim. Atq; hac firma fi-
ducia fretus, Deum Immortalem qui
vnà cum vita & regno hanc etiã mihi
mẽtem indiderit, dignaturum eam indies magis magiſq; augendo in me & in
poſteris meis perpetuare, quod in conſcientiæ rectæ conſolationem, dignitatis
& famæ incrementum, bonique publici conſeruationem cedere poſſit;
te etiam, atque etiam va-
lere iubeo.

DE

DE
CHRISTIANO
REGIS IN DEVM
OFFICIO,

Liber Primus.

Vemadmodum indi-
gn⁹ omni prorſus Im-
perio iudicandus eſt
is, qui ſuis propriis af-
fectibus dominari, il-
lamq; animi partem ratione caren-
tem cohibere neſciat:ita neq;dign⁹
quiſpiam.cenſendus eſt, qui Chri-
ſtianam gentem religioſaDei obſer- *Verum,*
uantia excultam regat & guber- *recta*
net, qui non ipſe totus, quantus *guber-*
quantus eſt, diuinum illud numen *natio-*
nisfun-
ex animo colat & reuereatur. Neq; *dam ts*
verò quidquam, quantumuis ela- *tum.*

boratum, recte illi & è gubernaculis
succedere poterit, veluti ab impuro
fonte scaturiens, cum ipsius persona profanis quibusdam inquinamé-
tis polluatur. Etenim vt verè cecinit

Psal.
127.1. Regius Propheta, *Nisi Dominus do-*
mum exædificauerit, frustra nitendo
sudant qui ædificant eam : nisi Domi-
nus ciuitati excubauerit, irritus, &
incassum cedit omnis vigilum labor:
cui summam & felicem manum imponere diuina sola benedictio potest. *Inserere quidem Paulo liceat. A-*
1. Cor.
3.6. *pollω irrigare, à Deo tamen solo omnis*
pendet propagatio. Tu ergo, mi fili,
hisce in primis disciplinis te imbuas,
vt Deum illum & scire, & colere ad-
discas, cui duplici nomine obstrict
teneris. Primò, quod te hominem
Princi-
pis in
Deum
obliga-
tio du-
plex. crearit; tum quod semideum, tribunali suo insidentem, aliisque præsi-
dentem dominatorem sibimetipsi
te surrogarit; meminerisq; te tanto
cæteris magis grata animi significatione.

tione hoc illi acceptum referre
debere, quanto te aliis in sublimio-
rem dignitatis gradum euexerit.
Quod in alieno oculo festucam quis
dixerit, ingentem trabem in tuo esse
oportet: Næuus in alieno corpore,
vlcus erit in tuo: quod in reliquis *ve-*
niale peccatum Pontificii nuncupãt,
tibi pro capitali crimine deputabi-
tur. Absit ergo vt exiftimes gradus
eminentiam imminuere delicti a-
trocitatem, nedum afferre peccandi
authoritatem: sed contra potius eô
maiorem in modum augetur pecca-
ti grauitas, quô celsior habetur personæ dignitas. Quicquid erit in quo
tu offenderis, non id simplex peccatum aut vniª hominis prolapsio est,
sed tuo exemplo per vniuersos ea
culpa sese diffundit & quasi propa-
gatur. Tibi igitur in mentem veniat,
fulgentem hanc & splendidam mũ-
di gloriam, nõ aliam ob causam Regibus à Deo cælitus transfusam, quã

In Prin-
cipe de-
lictum
grauius
quã in
cæteris.

Vera
Regis
gloria.

vt ii tanto magis prę cæteris in omni
sanctimonia & iustitia quasi radiare
contendant: vt ipsi tanquam ardentes virtutis & pietatis faces reliquis
omnibus præluceant : quorum lumine in omni vitæ cursu suorum ciuium vestigia colluftrentur. Memineris etiam, ex vera illa cognitione,
& timore Dei, quem *initiū sapien-*
tia Sapiens dixit , omnia tibi eluce-
scent, quæ ad muneris tui executionem spectare videbuntur , siue te vt
Regem, seu vt Christianum respicias : In quo vno tanquam in speculo.
rerum humanarum progressus & e-
xitus videris: quarum ille solus fons.
& primus motor existit.   Iam verò
vnica illa via, qua ad hanc cognitionem perducaris , est assidua verbi
Diuini commentatio : cuius verus
& genuinus sensus. obnixe à Deo
precibus petendus est. *Scrutamini*
scripturas (inquit Christus) *illæ enim*
de me testimonium perhibent. Uni-
                                    uerfa

ВЕ margin: Prou. 9.
10.

Dei co-
gnitio
unde
petẽda.

Ioh. 5.
39.

uersa autem scriptura (inquit Paulus)
per inspirationem data est, & ad do-
cendum, arguendum, corrigendum,
instruendum in omni sanctimonia
vtilis est, vt homo Dei ad omne opus
bonum perfectus reddatur. Quos
autem omnium propius attingit sa-
cratum literarum lectio, quam ipsos
Reges? Siquidem in illa scripturæ
parte quæ præstantissimorum illorum Regum qui populo Israelitico
præficiebantur, primam mentio-
nem facit, non tam illis suaderi,
quàm præcipi potius expresse videmus, vt legis diuinæ lectioni &
meditationi seduli inuigilarent.
Huic addo sollicitam in audiendo
sacram doctrinam assiduitatem cum
attentione, & reuerentia: *fides enim*
ex auditu, vt idem ait Apostolus. Inprimis autem cauendum tibi est, ne
diuina hæc oracula ad tuum arbitrium detorqueas, id quod nimis multi faciunt: neue, vt ex campana soni-

1. Tim.
3.16.17.

Deut.
17.

Rom.
10.17.

tum, ita ex verbo Dei sensum quem-
cunque ipse velis, elicias; sed contra
potius omnes tuos affectus ad illam
normam accuratè effingas & efformes; quam in illo verbo præscriptã
videris.

Vniuersa Scriptura in duab° potissimum rebus versatur: in præcipi-
endo & prohibendo; in hoc vel illud
faciendo, fugiendoque contrarium.
Vtrunq; hoc rite tenendum est Neque satis tibi putes a malo abstinere,
& nihil efficere boni; neque bene-
factorum quorundam prætextu im-
punitatem etiam multa malefacien-
di tibi cõcessam esse existimes. Atq;
vt in illis duobus prædictis tota scriptura posita est: Ita etiam duo gradª
sunt illius cultus, qui Deo ab h omi-
nibus debetur. Interior, qui ascendit,
exterior, qui descendit: prior ille in
oratione, & fide erga Deum cõsistit;
alter in actionibus ab illo fonte pro-
fluentibus: Hoc autem nihil aliud
est,

In margin:
In quibus cõstat scriptu-rasã era.

Cultus diuini gradus duo.

eft, quàm rectus in Deum Religionis
vfus. & verfus proximos iuftitiæ & æ-
quabilitatis.

Ad particularia quæque de Religione latius amplificandò vt de-
fcendam, necefle non habeo: abfit
omnis & dicto, & facto fimulatio, &
diffimulatio: quam ego tibi non leuiter preffi viam, hác fequere, & tuá
ipfius, in qua altus & educatus es,
inftitutionem. Núquam me puduit *Exem-*
palam profiteri, quid de Deo fentiã; *plar ad*
quantumuis maledicæ quorundam *imitã-*
linguæ me huius viti falfo infimu- *dum.*
larint. Et nifi mihi mea confcientia
certò perfuafiffet, Religionem illã,
quam in Scotia iam profitemur, ipfis
expreffis, etiam conceptis fcripturæ
verbis fundatam effe, (fine qua non
minus omnis Religio futilis & fuper-
uacanea, quàm quæ contra eam fit
penitus abominanda) vt ego eiufdẽ
publicus affertor exifterem, nunquã
cuiufquam mortalium vel amor,

vel timor mihi in animũ induxisset.

De equabilitate autem, quoniam id secundæ huius libri parti, quæ de Regis officio tractat, erit accommodatius, suo loco diſcutiendum relinquo.

Ad primam igitur partem hominis erga Deum cultus quod attinet, quam *Religionem* dixi, nihil aliud est, quam Dei cultus ex manifesta & reuelata eius voluntate preſcriptus: is nõ alio quàm ſacrarum literarum fundamento nititur, à vera fide animatus, à recta conſcientia conſeruatus. De ſacris literis iam dixi in genere: ſed vt cuiuſlibet earum partis meliorem & faciliorem delectũ habere poſſis, ſeu conſolari ſeu erudire te velis, breuem hunc ordinẽ ẽ ſectare.

Tota Scriptura ſacra Diuino dictata Spiritu, tanquam viuax Dei verbum militanti Eccleſiæ vſque ad cõſummationem mundi normam & diſci-

Religio quid.

Scriptura metho-dus.

diſciplinam ſtatuit. Ea duabus partibus conſtat, Veteri.& Nouo Te-
ſtamento: Illius fundamentum Lex
eſt, quę peccatum demonſtrans, Iuſtitiam cötinet. Huius fundamentū
Chriſtus eſt, qui peccanti ignoſcēs,
gratiam confert.

Summa autem totius Legis ſunt *Lex.*
Decem præcepta, fuſius in libris Mo-
ſaicis dilatata, à Prophetis explicata,
nobiſque aptata. Hiſtoriæ etiam
ſacræ obedientiæ&contumaciæ exempla nobis exhibent, quod *premi-*
um, quę pœna vtriq; à Deo deſtine-
tur. Sed quum nemo mortalium, vnquam vel legem integram, vel aliquā
eiuſdem particulā rite tenere poſſet;
Deo immortali ip ſua immēſa ſapiē-
tia bonitateq; viſum eſt, vt vnigeni-
tus filius ſuus nobiſcum in vnā carnem coaleſceret, qui diuinæ iuſtitiæ
ſatisfaciens, pro nobis paſſus, noſtra
peccata expiaret; vt cū benefaciēdo
ſalui eſſe non poſſemus, ſaltem rectè

credendo incolumes euaderemus.

Ex isto igitur fonte verbi Gratiæ, quadripartitam illam Historiam tā-quam varios riuulos, nimirum de *Euan-* *Ortu, Vita & Morte, Resuscitatione,* *gelium.* & *Ascensu Christi* diduci videmus: cuius copiosior explicatio, vsusq; v-berior ex Apostoloru Epistolis pe-tendus est. Tum verò experientiam vitamque communem, cum credē-tium, tum incredulorum, vnaque historiam de ipsis incunabulis pro-gressuq; Ecclesiæ, ipsorum Acta de-lineant.

Num igitur ex lege delicta tua a-gnoscere cupis? Mosaicos libros e-uoluito: num in istos etiam cōmen-tarios postulas? ipsa Prophetarum, *Legis* *Prouerbiorum & Ecclesiastis*, ab illo *vsus.* sapientiæ Oraculo Salomone scri-pta, volumina perlegito: quæ non solum te erudiant quomodo Legi diuinæ obtemperandum sit: verum etiam tam multa ibi aurea, tantamq;

mora-

moralium preceptorum ad omnem
quotidianæ vitæ vſum ſpectantium
inuenies copiam, vt in vniuerſa illa
Philoſophorum & Poetarum turba,
nuſquam tam diuitem ſolidæ ſapiē-
tiæ ſupellectilem reperire poteris,
quæ ita voluntati & ſapientiæ diuinæ concinat. An verò bonorum
præmia, impiorum ſupplicia, tibi
ob oculos poni deſideras ? En tibi
Hiſtorica illa *Moſis, Ioſua, Iudicum,*
Ezra, Nehemiah, Eſtheris, Iob, præ
aliis verò illos *Regum* & *Chronicorū*
libros familiares tibi volo. In quibus
tanquam in ſpeculo te ipſum in numerum proborum vel improborū
Regum relatum videris. Num doctrinam, vitam & obitum noſtri Seruatoris ediſcere expetis ? Euangeli-
ſtas lectita. Num ex ipſius ſchola *Euan-*
doctus, & eductus diſcipulus prodi- *gelii v-*
re cupis ? Apoſtolorum Epiſtolas *ſus.*
meditare. Illius verò doctrinæ vſum
& exercitationem in primæuæ Ec-

C

clesię hominibus obseruare postulas ? Apostolorum Acta subduci-
to.   Nam Apocryphorum libros
missos facio, quum me Pontificium
esse plane abnegem : & vt vere dicam, nonnulla istorum scripta, ab illo Spiritus Diuini stilo plurimum
dissident.

Sacræ litera quo- modo legēda.   Sacra verò scriptura non illotis,
quod dicitur manibus, sed casto, pu-
ro , & sincero animo legenda est.
Quæ in ea obscuriora sunt, humilis
admirare ; nec illius obscuritatem
potius, quam ingenii tui imbecilli-
tatem incusa ; faciliora iucunde ar-
ripias, difficiliora studiose inuesti-
ges ; ipsum textum ad vnguem teneas : sui enim optima interpres Scriptura est. Nec verò nimis curiose
inquirendum in ea , quæ expresso
verbo non continentur : inciuilis
hæc arrogantia est, extra præscri-
ptos cancellos euagari , & penitus
quam par est, in Dei arcana penetra-
re:

re: Nam quę nos scire oportuit, ea omnia in sacris literis nobis patefecit : huiusmodi autem loca legenda tibi seligas, quę muneris tui functionem maximè videntur attingere: futiles verò de Genealogiis contentiones reiice. inanes enim & inutiles Tit.3.9 suut.

Nunc verò ad Fidem quod attinet, quam *Religionis altricem_* & *nutriculam* iam antea dixi : Ea nihil aliud est, quam firma persuasio, certaque diuinorum promissorum apprehensio nostris mentibus accommodata, vt non immerito aurea illa catena nuncupari possit, qua anima fidens Christo connectatur. Hęc autem cum domi nobis non nascatur, sed *à Deo gratuitò conceditur*, vt idem ait Apostolus, oratione eam nutricari oportet; quam amicum cum Deo colloquium rectè dicere possumus.

Fides religionis nutricula

Phil 1. 29.

Optima precantdi forma.

De modo autem Deo supplicandi,

C 2

vt aliquid etiam à me accipias, poſt
primariam illam Seruatoris noſtri
precandi formam, quę ſola pro vera
orandi norma nobis præſcribitur,
proximè diuinas illas Dauidis cátio-
nes, vti optimum, cum magiſtrum,
tum familiarem, tibi aſciſcas: vnde
tanquam ex diuite vena puroque
fonte omnes illas ſupplicationum
formulas abunde hauſeris, quæ vel
ad neceſſitatem, vel ad conſolationē
tuam facere videbūtur. Tibi autem
hęc Principi multo magis quàm cuiuis è populo conuenient: propterea
quod à Rege authore cum dimana-
rint, quidni & Regios defectus Rex
optime cognorit, & ad eos ſupplen-
dos, Regia a Deo poſtulata prout
neceſſitas tulerit, quã aptiſſimè ac-
commodarit?

Varii
orandi
modi. Frequenti & ſolitariæ ſupplica-
tioni aſſueſcas: quodquotieſcunque
à te aliàs fieri ſoleat, tum præcipuè in
lecto negligendum non eſt. Nam &

publi-

publicas plerumque preces nó tam
priuato fupplicantis fructu, quàm
exemplo potius metiri folemus.

In orando neque præter modum
verecundum, neque etiam rudé nimis in Deum effe oportet: Illud im-
peritum vulgus hominum faciunt,
qui folùm ex commentario fapiut:
hoc fubtiles ifti Pharifæi Puritani, qui
fi digitis femel cócrepuerint, ftatim
verbo & nutu Deo imponere volunt: ex illo, nefcio quæ verfus Deú
ingrata frigiditas, ex ifto planè con-
temtus eius tibi innafcetur: Quum
verò Deo fupplicaueris, omnis debita reuerentia adhibenda eft. Etenim fi fubditº Regem fuum, nifi hu-
militer, interpellare non aufit, quá-
to minus omnipotentem Deum tá-
quam congerronem fuum mortalis
quifpiam compellare præfumat?

Supplicãtibus qua norma fequẽda.

Precibus à Deo non fpiritualia
tantum, fed & temporalia peténda
funt, fiue magni fiue exigui ea mo-

Quæ à Deo petenda.

C 3

menti fuerint: quę semel impetrata,
salua custodia apud te reponantur:
cum ad fidem tuam confirmandam,
tum vt illius in te amoris in poste-
rum arrabonis loco esse possit; vt
propensior fuerit mens tua, ita pre-
care *pro re nata*. Cauendum tamen
est ne cum licitis illicita commisce-
as, vt vindictam, libidinem & id genus alia: nam istiusmodi precatio à
fide non est: *Quicquid autem sine fide fit, peccatum est.*

Rom.
14.23.
*De suc-
cessu
precū
quid
sentiē-
dum.*
Luc. 18.

Si quid impetraueris, alacris gra-
tias agito; sin minus, patienter suf-
ferto: & vt vidua illa iniquum iudi-
cem, ita tu tanto magis importune
Deum vrgeto.   Quod si ne adhuc
quidem exaudiare, certo tibi polli-
cere, Deum facilè prospicere, in rem
tuam hoc non cessurum, quod pe-
tieris: atque inde tempestiue ad-
discas, quicquid tibi à Deo aduersi
immissum sit, in hanc partem interpretari.   Quo pacto non solum
in

in medio malorum tuorum patientia armatus incedes, sed alacris etiam atque erectus à præsenti calamitate oculos attolles ad felicem illum succeffum, quem tibi Deus da-
turus est. Cùm autem hoc semel
experientiâ compertum habeas, simili te patientia in proximam cala-
mitatem armari oportet; certo tibi
pollicendo, quod quamuis ingru-
ente tempestate per densissimam
nubem dispicere non possis, postea
tamen, dispulsa iam nubecula, facile apparebit, etiam in hoc, vt in illo
superiore, optimè à Deo tibi cósul-
tum fuisse.

De conscientia autem, quam *Re-*
ligionis conservatricem appellaui,
Ea nihil aliud est, quam ipsum scien-
tiæ lumen homini à Deo ingenera-
tum, quæ ita continuas in singulas
actiones nostras excubias agit, vt
læto, & iucundo testimonio exusci-
tentur, qui benefecerunt, è contra

Cōsci-
entia
Reli-
gionis
cōser-
uatrix.

C 4

verò furiis & tædis ardentibus perpetuo exagitentur, qui peccarunt.
Et sanè vt magnum hoc conscientiæ
tormentum impiis est; ita nó minus
bonis & piis solamen existit, si ritè
consideretur. Quam magnum enim

Vita hoc priuilegium est, quod dum in
inuen- vita sumus, semper nobiscum intus
tarium circumferamus librum rationum,
consci- seu inuentarium omnium eorum
entia. criminum, quæ vel in ipsa hora mortis, vel in vltimi iudicii die nobis in-
tentanda sunt? quæ cum velimus vel
oscitantes nos interpellabit, vel ob-
litis memoriam refricabit,vt dum o-
cium, tempúsque erit ad resipiscen-
tiam conuertamur; atque ita cum ad
diem illum coram Tribunali sisti o-
Reu. 7. portebit, *albis induti stolis, Agni san-*
14. *guine tinctis* compareamus. Ante o-
mnia igitur, mi fili, vt saluam,& sanā
hanc conscientiam conserues, elabora: de qua multi fabulantur, sed
pauci admodum verò illius, sensu
tan-

tanguntur. In primis verò à duobus
morbis, quibus infici solet, eam sollicitè vindices. Lepræ nimirum, &
superstitionis: illa prophanis opi- *Côsci-*
nionibus, hæc periculosis erroribus *entia*
animum imbuit. Leprosam con- *morbi*
scientiam eam intelligo, *cui callum* *duo.*
iam obductum est, quæ ita securè in *1.Tim.*
vtramque quasi aurem peccatis in- *4.2.*
dormiscit, vt planè hebes, & stupi-
da ad omnem pœnitentiam obdu-
rescat: Quod & Regi *Dauidi* vsu venit post adulterium & homicidium
ab eo perpetratum, vsq; adeò donec
à *Nathane* Propheta, quasi è profun-
do somno excitaretur. Superstitiosã
volo, cum quis in aliam Religionis
normam iurauerit, quam quæ à verbo diuino authoritatem habeat, ex-
quo solò vnica illa plus quàm Lesbia *Conta-*
cultus diuini regula petenda est. *mina-*
ta con-
Ad antidotum verò contra istius *scietia*
lepræ côtagionem, nullum presen- *reme-*
tius remedium inuenies, quã si quo- *dia.*

           C 5

tidie hoc apud te egeris, vt præteri-
tæ diei singulas actiones ad examen
reuoces: quid contra Regium munus, quid contra Christiani officium, vel in omittendo, quod non o-
portuit, vel in committendo quod
non decuit, peccando deliqueris.
In hoc verò examine, vide, ne tui
quasi leno, nimium tibi assentando indulgeas; ad quod vitium o-
mnes nos naturâ sumus propensio-
res: sed in temetipsum potius tanquam in inimicum censoria seueritate animaduertas. Nam si *teipsum*
incrimen voces, non est quod aliunde
iudicium perhorrescas: tum verò
ex ista censura emendatiores deinceps vitæ tuæ actiones subsequi o-
portet: semperque vitandum illud inprimis est, ne repugnante
conscientia prudens sciénsque quicquam vel feceris, vel dixeris: Nam
& leuia quæque delicta, data opera,
& de industria ab hominibus com-

1. Cor.
11 31.

missa,

missa, eo studio nimirum, vt laxa-
tis conscientiæ habenis in ea vitia.
præcipites decurrerent, multo in-
fensiora sunt, quàm si atrocius aliquod crimen, repentino aliquo a-
nimi impetu, dormitante iam conscientia, perpetraretur. Memineris igitur in omni actione, quæ ratio tibi aliquando in vltimo illo die
reddenda erit. Singuli autem vi-   *Vlti-*
tæ tuæ dies nihil aliud tibi sint, quàm   *mum*
mortis quædam commentatio. V-   *exam̃.*
noquoque etiam die ita viuendum,
quasi in eodem moriendum esset,
secundum illud Horatii: *Omnem*   Horat.
crede diem tibi diluxisse supremum.   lib.1 e-
Neque verò Papistarum more re-   pist.
pentinam mortem tibi deprecan-
dam censeo, sed orandus potius Deus est, vt cum hac vitæ vsura, eam etiam gratiam tibi largiatur, vt momẽ-
tanea mors nusquam te vel impro-   *Forti*
uidum, vel imparatum offenderit.   *tudo*
Hæc ea vera fortitudo est, quæ mor-   *vera*
   qua.

C 6

tis quandocunque aduenerit, omnẽ
tibi ex animo expectorat formidinẽ.
Nec minus cauendum tibi erit, ne
mentiendi, & iurandi consuetudinẽ
Praua conscientiam lædas, id licèt per iocũ
iurãdi fiat: vsus enim iurare docuit, in quo
consue- nec vtilitas, nec oblectatio ineft: quo
tudo. maiorem reprehensionem mereri
debet.   Mentiri autem quid aliud,
quam vilis, & abiectus vsus introdu-
xit? à quo omnis pudor penitus exu-
lauit? & propterea etiàm quæ vera
sunt, minime negari debent: ea e-
nim species mendacii est: quod à tui
loci & ordinis hominibus facilè vitari potest. Nam si quid quispiam à
te sciscitetur, quod putes minime
reuelandum, quid ni curiose nimis
interrogantem imprudentiæ argu-
as? quo pacto nemo tam inuerecun-
dus inuenietur, qui te vlterius vrge-
re ausit: atque isto modo si respon-
deas siue vera, siue falsa interrogan-
tibus, vel istiusmodi scioli haud satis
mode-

modesti planè obmutescent, vel nihilo doctiores à te discedent.

Iam verò vt conscientiam sanam *Contra* & ab omni superstitione immunem *super-* teneas, nunquam committendum *stitio-* est, vt conscientiæ salus & incolumi- *nem.* tas, à propria tuarum opinionum authoritate pendeat: neve ab alioru commentis, quantumuis illi magni magistri habeãtur, sed sola scriptura sacra fundatam eam esse oportet. Conscientia enim non certa scienentia nixa, vel fanatica ignorantia, vel vana arrogantia putanda est, Hìc igitur duo tibi extrema vitanda sunt vitia: Vnum, ne cum Pontificiis Ecclesiæ authoritatem pluris facias, quàm tuam certam scientiam: Alte- *Interio-* rum, ne Anabaptistarum morepro- *rum &* pria tua commẽta, & reuelationum *exterio-* insomnia sequaris, iisque temere ad- *rum* sentiare. Prudenter autem, caute- *differẽ-* que distinguendum est, inter ea quæ *tia.* salutem continent, & ea quæ ad res indifferentes, pertinent, inter interiora, & exteriora; inter ea quæ expreſſe in diuino verbo præcipiuntur, & ea quæ ab humano ingenio inuenta, traditaque reperiuntur: nihil enim ad ſalutem noſtram neceſſarium eſt, quod in ſcriptura ſacra non contineatur. Quicquid autem in libro Dei expreſſe vel prohibitum, vel præceptum inuenitur, id præciſe accurateque tenendum eſt. Neque verò ſingula quæque dicta tam ex vulgi opinione & ex vſu vitæ communis, quàm ex præſcripto Dei verbo æſtimari debent. In cæteris autem rebus quæcunque ſacris literis non continentur, vel vtendis vel mutandis ita nos geramus, prout neceſſitas & occaſio tulerint. Cum verò Eccleſiaſticorum Antiſtitum quiſpiam è ſacris quid Oraculis tibi decantauerit, hic omni reuerentia, & debita obedientia tanquam ſummi Dei preco, &

Pater-

Pater patratus amplexandus est.
Quod si forte extra cancellos suos
euagetur, & propria figmenta, diuini verbi loco tibi obtruserit, ipsi-
que religioni sucum fecerit; hunc
tu pro homine leuiculo, & vano a-
gnoscito: qui postquam officii limites excesserit, tu pro muneris tui ratione grauius seueriusque eum co-
erceto. Vt igitur totum hoc de
conscientia caput & primam huius
libri partem simul concludam, Sacrosanctum Numen ore parcius,
mente & corde vberius vsurpaueris.
Externa specie liberiorem te, intus
& re ipsa restrictiorem esse oportet.
Ex factis magis, quàm ex dictis inge-
neratum tibi virtutis amorem, vitii
odium, faxis, homines cognoscant:
esse denique quàm videri probum
vt malis: in cælis, non in terris repo-
sitam tibi mercedem expectes. Ad
omnes autem vitæ actiones exterio-

De ex-
teriori-
bus ra-
tio Deo
redden-
da.

Con-
clusio.

res, illud Christi præceptum accommodari oportet, in clanculum orando, & eleemosynam exercédo: Quo
quidem pacto vna ex parte vera illa
& Christiana humilitate intus orna-
tus incedes, non gloriosum imitando Pharisęum qui tot tantasque suas
virtutes prædicaret, sed quod Christus nobis pręcepit, confitendo potius, id est, cum omnia quæcunque
Lucæ 17. penes nos sint effecerimus, *inutiles*
30. *tamen serui sumus.* Ex altera autem
parte inter homines, non tam suspi-
cionem, quam crimen etiam ipsum
turpe illud, & inuidiosum, fictę san-
ctimoniæ simulationem, & pietatis
fucum plus quam meretrici-
um, facilè poteris
euitare.

DE

DE REGIS OFFICIO.

Liber Secundus.

SEd quā duabus quaſi per-
ſonis induturus ſis, vtriuſq;
etiam munus pati tibi ſtudio exequendum eſt; vt
non tam Chriſtianum bonum, quā *Officiū*
Regem etiam probum te homines *Regis.*
agnoſcant, dum officio tuo ita fun-
gare, vt omni in re iuſtitiam, & æqua-
bilitatem ſeruare poſſis. Id autem *Plato in*
duobus modis fieri oportet: primò, *Polit.*
ſi ſalutaria quęque in populo ſciſcā-
tur, eaque debitæ execution deman-
dentur: in quo vno ſalus populi, legis vita poſita eſt. Alterum tuos i- *Iſocra-*
pſius mores attingit, quomodo in- *tes in*
ter tuos te gerere debeas: cuius ex- *Sym.*
emplo reliquos erudiri oportet. Ita
enim neſcioquomodo homines cō-
parati ſunt, vt ſimiarum more ad

Platoin.
Polit.

Principis exemplar subito sese effingant, & efforment, secundum illud Poetæ;

Claudian. in 4
conf.
Hon.

——————————componitur orbis
Regis ad exemplar: nec sic inflectere sensus
Humano redicta valent, ut vita regentis.

Ad legum autem ferendarum obseruandarumque rationem quod attinet, primum omnium considerare oportet, Legitimus Rex, ambitioso tyranno quantum præstet, alter alteri quid intersit: sic enim quæ ad tuum munus spectare videbuntur facilius intelliges. *Contraria enim iuxta se posita magis elucescunt.*

Rex à
Tyranno
qui
diffe-
rat.
Plato in
Polit.
Arist. in
3. lib.
Polit.

Regem eum dicimus, qui non tam populo natus, quam cælitus etiam à Deo datus est, ad magnum illud siue onus siue regendi munus capessendum: cuius etiam eidem Deo, à quo acceperit, rationem aliquando reddere oporteat. Tyrannum verò, qui nullas sibi leges datas, non se populo, sed sibi populum destinatum

tum prædicat: cuius indomitæ libi-
dini omnia pro præda exponantur,
hos solos suæ magnanimitatis fructus hic ferre postulat. Istorum i-
gitur duorum fines & destinata, vti
directè inter se contraria sunt, ita etiam & singulas ipsorū actiones, quibus tanquam mediis ad illos fines as-
sequendos contendunt, contrarias
esse necesse est.

Regis est id summo honori sibi
ducere, rectè probeq; munus suum
administrare: omnes suos labores,
studia, conatus eò intendere, vt
Reipublicæ salus procuretur, vt
leges bonæ promulgentur, vt populi quies tranquillitasque conseruetur: Qui tanquam pater indulgés,
& dominus non inhumanus, id sibi iucundum esse putet, quod illis
prosperum; id sibi tutum, quod illis securum, populi amorem vnicum
sibi asylum existimans; omnes suas
priuatas cupiditates, suorum ciui-

Xe-
noph.
8 Cy-
rop.
Cic.lib.
5 de re-
pub.

um vtilitatibus longè poftponens:
denique, nullùm priuatum effe có-
modum iudicans, quod in bonum
publicum nõ cedere videatur. Tyranno verò quid tam amplum, tam
fortunatum tam gloriofum, quàm
per fas vel nefas adoptatos ambitio-
nis fuæ fucceffus prouehi? qui nusquam nifi in inteftinis fuorum ciuium diffidiis, & in populari factione,
firma fibi præfidia collocat. Quam
pulchrum autem fanctimoniæ ve-
lum obtendit, tantifper dum in aures & animos multitudinis adeò in-
fluat, vt facile iam illi fit omnia iura
humana & diuina peruertendo propriis fuis effrenatis cupiditatibus in-
feruire; & fub fpecie boni publici,
priuatas fuas vtilitates promouere.
Vniuerforum calamitas, ipfius fóla
incolumitas habetur: denique no-
uercali hac & mercenariâ operâ, in
oppreffa iam & collapfa republica o-
mnes fuas fortunas, pofitas exifti-
mat.

Arift. 5.
Polit.
Tacit 4
Hiftor.

mat. Verum enimuero qualem isti
sementem fecerint, tales eos etiam
fructus dimetere, videre est. Nam & Regis
Regem bonum, exacto iam florenti boni
& felici imperio, in pace moriente qualis
suorum luctus, exterorum admira- exitus.
tio subsequetur: post se in terris hæredes, honore & gloriam relinquit,
ipse in cælo immortalem felicitatis
coronam consequetur.

　　Et quanquam fieri interdum po- Cic.f.
test, quod raro tamen accidit, vt quę- de Re-
dam naturę monstra nefarii parrici- pub.
dæ huiusmodi Regis vitæ insidien-
tur; illius tamen gloria emori non
potest. Istos autem facinorosos sicarios, cum certa & digna manet sup-
plicia, tum ipsa infamia comitatur
per omnem posteritatem duratura.
Tyranni verò è contra turpis, odio-
sa, infamis vita, quid aliud facit quàm
carnifices armat, in proprium ipsius
iugulum suorum ciuium mucrones Arist.f.
stringit? Et quanquam graue admo- Polit.

Tyrā
ni exi-
tus.
Isocrat.
in Sym.

dum perduellionis crimen fit, adeo
tamen omnibus exofum Tyrannus
fefe reddidit, vt illius cladem fui
fubditi parum lugeant, exteri autem
homines etiam in finu gaudeant.
Quæ verò alia rerum fuarum gefta-
rum monumenta Tyrannus poft fe
relinquit, quàm dedecus & infami-
am fempiternam? Taceo tædas illas
ardentes, fupplicia, cruciatus, quibus perpetuo apud inferos torque-
bitur: fæpè item vfuuenit, vt non folum tyrannicidæ ifti impune eua-
dant, fed, quod maius eft, tanquam
ritè & iure factum facinus illud fe-
quens pofteritas comprobabit.

Facile igitur tibi erit, mi fili, hifce in rebus delectum facere, veræ
virtutis veftigiis infiftere: tuam propriam ftationem defendere; vt fi fortè in hoc directo curfu fine prola-
pfione confiftere nequeas, id faltem
fine tuo dedecore, non fine omnium

um bonorum iusto dolore tibi eue-
nirer.

Sed vt eôvnde diuertimus redea- *De Le-*
mus, nunc mihi de *Regno tuo admi-* *gibus*
nistrando, legibusque obseruandis *feredis.*
dicendum est. Leges autem pro
tuo iudicio & temporum necessitate, vt noua quæque corruptela in
rempublicam irrepserit, condendæ
sunt. Ex malis enim moribus bonæ
leges enascuntur: In hoc verò Regno plures bonæ leges feruntur,
quàm debitæ executioni deman-
dantur: vt in Legibus exequendis
iam mihi solummodo insistendum
sit. Illud tantum meminisse oportet,
ne solennia huius Regni comitia ad
Leges sanciendas primum instituta,
à publico hoc vsu ad priuatas cuius-
cunque hominis necessitates tradu- *Comi-*
cantur. Nam sicuti ille ordinum cô- *tiorum*
uentus, (*Parliamentũ* vulgò vocât,) *vsus &*
si ex vero vsu suo, id est, ex legibus *autho-*
ferendis rite æstimare eum velimus, *ritas.*

omnium totius Regni ampliſſimus
Iurisdicendilocus,ſummumquetri-
bunal habetur & eſt : & propterea
Regis Supremam curiam nuncupare
ſolemus.Ita ſi ad priuatas hominum
particularium vtilitates trãſferatur,
nihil eo iniquius aut iniuſtius cogitari poteſt. Nam interdum ſub ſpe-
cie legis vniuerſalis,Edicta perpetua
in magnum hominum particulariũ
præiudicium decernuntur:Sępe etiam ipſis Ordinibus planè inſciis,
quibus ea damno aut nocumento
eſſe poſſunt. Et proinde Comitia
hæc, niſi nouarum legum ferendarum cauſa neutiquam tibi indicen-
da cenſeo:id etiam rarius fieri oportet: nam quô pauciores leges ſint,
modo vires ſuas ſtrenue exerant,eô
bene moratęReipublicę melius cõ-
ueniunt.
   De materia autem Proſcriptio-
num,quæ propriæ etiam comitiorũ
ſunt,conſultius erit iſtud vlcus non
                                  attin-

attingere. Mea folum hæc fit cautio:
Meminem profcribendum, nifi qui
huiufmodi fcelerum reus citetur,
quæ illum indignum prorfus omni
in integrum reftitutione perpetuo
conftituant: Leuioribus delictis le-
uiores etiam pœnas a legib° prefcri-
ptas habes.

Iam verò vt vnde digreffus fum, *Légum*
ad bonarum legum executionem *execu-*
denuo reuertar, meminiffe debes, *tio.*
me, cum boni Regis & Tyranni in-
iufti, in gubernando differentias fu-
fius difquirerem, hoc tibi obiter no-
taffe; Tyrannum in primo ad impe-
riũ auditu, Curium fimulare, poftea cum pedem firmius fixerit, planè Bacchanalia viuere. Tu igitur in
primo tuo introitu videfis vt *Quin-* *Primo*
quennium illud *Neronis* ex animo a- *ingreſ-*
terferis: fimulq; inanem illam fpe- *fu ſeue-*
ciem clementiæ qua tenellus Pufio *ritas*
ita optabat, *Vellem neſcirem literas:* *adhi-*
Quin potius legum violatoribus *benda.*
Sen. de
clem.

D

quibuscunq; duram securim inijci-
to. Nam cum Regnum tuum non vi,

Arist. 7.
Polit.

non *precario*, sed hæreditario quodam iure tibi obuenerit, nihil est
cur populares rumores ab officio faciendo te deterreant. Maior enim

Plato 2.
& 10 de
Repub
Cic. ad
Quin.
Fr.

hominū pars sua quasi natura ad Iustitiæ & æquitatis studium feruntur,
id tibi certo persuadeas velim. Hoc
solum cauendū tibi est, ne adcupidi-
tates tuas explendas potius quam ad
Iuri æquitatiq; inseruiendū, simulachra hæc & inuolucra Iustitię obtē-
das: eo enim modo delinquens, licet
meritas luat pœnas, tu tamen homi-
cidii reus, non tanquam Iudex, sed
tanquam carnifex corā Deo citabe-

Plato in
Pol &9.
de Leg.
Salust.
in Orat
ad Cæ-
sar.

re: quin in extima hac actionum tuarum superficie non hæret, sed qua
mente, quo animo, singula fiant penitius perscrutatur.

At vero cum iam legū seueritate
stabilitum, & confirmatum imperium sit, vbi semel potestatis tuæ acu-

leos

leos perſenſerint, tum deinceps in
arbitrio tuo erit, manſuetudinem cũ
acerbitate commiſcere, vel in agno-
ſcendo, vel in ignoſcendo, prout delicti grauitas, & delinquentis quali-
tas eflagitarint: Secus verò ſi initio
clementiam tuam palam vendites, &
tui contemptus & ſcelerum cumu-
lus eum in modum excreſcent, vt
cum ad puniendum accedere velis,
Nocentum immenſitas innocentũ
paucitatem longè ſuperet: neque
facile tibi erit definire, vnde exordi-
um faciendum ſit. Quàm verò in-
humanum, ſed neceſſarium tamen
hoc tibi videbitur, tam multos in-
tempeſtiua clementia perdere, quos
in principio paucorum pœna ſaluos,
& incolumes conſeruaſſet: Atq; hac
in parte Phrix tibi ego ſim, qui & nimis ſero, & nimis magno precio ſa-
pere videar: Nã quũ lenioribus prin-
cipiis omnia prætexere in animo ha-
berē, vt facilitate & clemẽtia omni-

77

Intem-
peſtiua
clemẽ-
tia du-
raexpe-
riẽtia.

D 2

um animos ad obedientiam pellice-
rem, contrarium mihi prorſus vſu
venit; & nullum aliud, quam populum ingratum, Imperium diſſolutū,
lenitatis meæ præmium reportaui.
Sed cum iſti tuæ ſeueritati & modus
& tempus, quod antea dixi, ſtatuen-
da ſint; rum alia quædam ita atrocia
& enormia crimina reperiuntur, vt
nullam vel remiſſionem, vel moderationem admittant. Ea autem eius-
modi ſunt, maleficium, homicidium
voluntarium, Inceſtus ſeu ſtuprum,
præpoſtera libido, veneficium, falſa
moneta. Si quæ verò contra perſonam & authoritatem tuam offenſio
contigerit; in hiſce, quoniā teipſum
ſolum attingunt, tuo vt ere iudicio,
vel in puniendo, vel in prætermit-
tendo, animo obſecūdes tuo: in quibus tamen & rerum circumſtantiæ,
& perſonarum qualitates conſide-
randę ſunt.

Illis autem criminibus, quę veniā
non

Crimi-
na quæ
remit-
tenda
nōſint.
Laſæ
Maie-
ſtatis
crimi-
na.

non merentur, aliud etiam libens at-
texerem, si modo sine inuidia id fieri possit.

In quo tamen tibi aperiendo o-
mnem pudoré paternus amor vincat
necesse est. Id nihil aliud est, quàm *Stirps*
falsa & impudica maleuolorum quo- *Regia*
rundam aduersus parentes, & pro- *ne ver-*
genitores tuos siue scripta, siue ma- *bo vio-*
ledicta disseminata: Diuinum nosti *landa.*
præceptum, *Honora patrem & ma-* Exo. 20.
trem: & propterea quum à lege hæc 12.
potestas tibi data sit, ne patiaris Principibus parentibus tuis aliquam la-
beculam aspergi: presertim cum hæres mali exempli sit successoribus
tuis: qui quam à te mensuram acce-
perint, eádem etiam tibi postea red-
dent. Ingenue hoc fatendum est, o- Plato 4.
mnes nos nostris vitiis laborare, quæ de Leg.
tamen tecum & cum Deo priuatim
meditando, tibi ipsi vsui & exemplo
ad vitæ emendationem potius esse
debeant, quàm aliorum sermonibus

materiam præbeant, de qua fabulé-
tur. Iam verò cum nullus totius orbis terrarum Princeps reperiatur,
qui generis splédore, & Regali Pro-
auorum profapia tibi præluceat; ef-
fice vt istorum hominum fastus, &
insolentia compescatur, qui dum
personam vitii insimulare volunt,
sub hoc integumento callide, & ma-
litiose vniuersæ stirpi notam inurūt;
omnibusque posteris. perpetuam
inuidiam constant. Quo enim tandem modo amare te poteruut ii, qui
parentes tuos odio plusquam Vati-
niano profequuti sunt ? Quorsum
verò luporum & vulpium recens
iam editum fœtum interimunt homines, nisi odio, quo in illam im-
manem & truculentam progeniem
exardescant? & quis nõ videt in foro
carius emi generosum equum Ne-
apolitanum, quàm abiecti asini pul-
lum? qua alia de causa, nisi ob generis differentiam; quà illum suspicim°,
istum

istum despicimus? Id igitur monstri
simile erit, si quis filiū dilexerit qui
parentem odio habuerit. Quid autem aliud est parétum famam & existimationem odiosis criminationi-
bus insectari, quàm filium cōtume-
liæ, & contemptui exponere? atque
vt totum hoc caput concludam, meam ipsius experientiam argumenti
loco in medium afferam: qui vel his
ec oculis meis vindictam diuinam
furiis & tædis ardentibus profligatos illos proditores & insequutam,
& assequutam vidi, qui tanta mala
aduersus parentes meos machina-
ti sunt: & sanè verè mihi videor affirmare posse, nusquam me firmio-
rem in rebus meis aduersis amiciti-
am, aut magis constantem amorem
inuenisse, quàm eorum, qui in sum-
mis parentum meorum angustiis:
ad ipsorum latūs, fixis quasi ancho-
ris immobiles, sine varietate adhæ-
rescerét: Illos intelligo, qui Reginæ

D 4

matri meę operas & seruitia sua pre-
ſtiterunt. Dũ enim tibi, mi fili, quod
ſentiam & quod verum eſt aperiam,
qui ſ iſti proditionum ſiue authores
ſiue fautores de me exiſtiment, ne
flocci facio.

Oppreſ-
ſio.

 Et quanquam inferendæ iniuriæ
crimen, in numerum illorum criminum, quæ veniâ carent, aſcriptũ
non ſit: Quum tamen frequenti vſu
vbique apud nos adeo inualuerit, vt
Nobilium & potentiorum patrocinio virtutis iam quaſi nomen vſur-
pet; neceſſe eſt vt in eo corrigendo
maior à Rege ſeueritas adhibeatur.

Ariſt. ſ.
Pol.
Iſocr.
de reg.
Cic. de
Off. &
ad Q.
Fr.

Sis igitur in explorãdo aſſiduus, ſol-
licitus in caſtigando intolerabilem
faſtum & inſolentiam iſtorum inua-
ſorum. Sordidatorum querelas lubens accipito, afflictis ſuccurrito ac
ſi intereſſet tua: nihil magis honori-
ficum tibi putes, quam opprimétes
reprimete: cuiuſquam amorem, vel
odium pariter habeas : in aliorum
        iniuriis

iniuriis sublevandis labori tuo minime parcas: veniat tibi in mentem splendidi illius tituli, quo celebris memoriae meus Auus insignitus est, Qui *pauperum Rex* est cognominatus. Quemadmodum autem Regium munus in suum cuique distribuendo praecipuè cernitur: Ita cum pro Tribunali sedeas, meminisse oportet, te iam in Dei solio consistere, neque ad dextram, neque ad sinistrã deflectendum, vt Moses loquitur: Caue vel diuitis vel pauperis personam respicias. Iustitiam & oculis & clientelis orbatam esse oportet, istic vel amicis gratificandi, vel inimicis refragandi, nullus locus erit.

   Atque hic iam cum de Iustitia & iniustitia sermo habeatur, instituti ratio suadet, vt de Scotis Hybernensibus Môtanis, & Limitaneis nostris hominibus, de eorumq; oppressionibus pauca adiungam.
   Sub prioribus autem, breuitatis

Vera Regis gloria.
Exemplar memorabile.

Deut. 1.
Plat.
Pol
Cic. ad Q. Fr.
Arist. 1.
Rhet.
Plin. IX.

Hybernensiū Scotorum & Limitaneorum oppressiones

D 5

causa, duo genera hominum com-
prehendere volui. Vnum eorum,
qui terram continentem incolunt,
qui, etsi maxima ex parte rudes & a-
grestes sint, aliqua tamen, politioris
cultus vestigia inter illos apparent.
Alterum genº Insulanorū est, qui o-
mnino barbarū, siluestrē & ferinam
vitam degunt, & ne minimam humanitatis speciem præ se ferunt. Ad
" primum genus quod attinet, fac se-
" uerius illæ leges executioni mandē-
" tur, quæ contra supremos dominos,
" & familiarum principes a me pro-
" mulgantur: neque difficile tibi erit,
" ex efferatis & indomitis, domitos,
" & mansuetos reddere: In altero genere, quem ego iam instityi cursum,
tu persequere. Nouas colonias è
terra continenti subditorum bene
institutorum diducito, easꝗ in medio istorum Insulanorum collocato.
Quo pacto breui tēporis spatio qui
melius à natura informati sunt, ad
poli-

politiorem cultum redigentur, atq;
ita paulatim sensimque agrestia illa
sata exstirpanda, eorumquelocis alii
noui quasi humanitatis surculi sunt
inserendi.

De Limitaneis autem homini- *Limi-*
bus qui in finibus habitãt, quia pro- *taneo-*
be norim, nisi integra hac insula, *rum*
quæ iure diuino, & sanguinis pro- *oppres-*
pinquitate ad te spectat, potiaris, *siones.*
nunquam impetrabis, vt borealem
partem sterilem, & incultam, nedũ
diadema illudquo caput cingeretur,
pacatè & tranquillè possidere possis, non est cur in hac re tibi negotium facessam. Quod si secus euenerit, tum demũm in medio sitam,
tam facilè eam quam aliam quam-
eunque Insulæ partem regere poteris. Sed quo expeditior tibi ratio
sit, populum tuum prudêter, iusteq;
gubernandi, peritos te medicos imitari volo, qui ægroti venam tentare,
noxios humores explorare prius

D 6

Bene gubernare est perite medicari.
Plato Polit.

solent, quam ipsam curationem aggrediātur: Ita & tibi ingenia, natura, mores, affectus hominum accuratius indagandi sunt, priusquam ad salutaria remedia descendere possis: propterea succinctâ quâ possim breuitate morbos ipsos & grauiora mala, quę per omnes partes huius gentis grassari soleant, tibi digito demōstrabo. De *Anglia* autem diuinare quî possum, quam nunquā viderim? quam tamen confido me non minus familiariter aliquando cogniturum, diuino semper fretum fauore, cuius auspiciis iusta omnia & ęqua prospere soleant euenire.

Tres Regni Ordines.

Cum antiquitus à primis huius Regni iactis fundamentis, vniuersus populus ditionis nostræ in tres Ordines distribui soleret: Tū vero nullum istorum trium reperies Ordinē, qui insigni alicui vitio non sit obnoxius: quod longo vsu & diuturna cōsuetudine ita inualuit, vt non iam vitii a-

apud illos, sed virtutis poti⁹ habitum induere videatur. Neque vero
in singulis istis Ordinibus singulos
homines luem hanc & tabem con-
traxisse volo : Nam & eorum, sicuti
cæterorum, & boni & mali promi-
scue reperiuntur : id tantum volui
dicere, inter hos trium Ordinum
homines vitia illa altissimas radices
egisse. Primum igitur ne Ecclesiæ
aliquid à me præiudicii fiat, illa iure
prærogatiuæ primas in hoc numero
partes sibi vendicabit.

Hæreditarius ille morbus quo o- *Eccle-*
mnes Ecclesiæ ab initio mundi in *sia*
hunc vsque diem infestatæ tam gra- *morbi*
hære-
uem cladem acceperunt, quo etiam *ditarii.*
candelabrum, vt diuus *Iohannes* loquitur, ab vno loco in alium tradu-
ctum fuit, ex hisce fontibus dimana-
uit, Fastu, Ambitione, Auaritia. Hęc
demum tria illa mala sunt, quibus,
non ita pridem apud nos & in aliis
etiam locis diuersis Romana Eccle-

sia nõ quassata modo, sed penit⁹ sub-
uersa fuit. At verò reformata religio in hanc nostram *Scotiam* diuino plane miraculo introducta est.
Nam quum multa in illo negotio à
concitata multitudine temere fie-
rent, & perturbatè, multi etiam cupiditatum suarum turbine abrepti,
Vnde excoanimi impetu & nullo iudicio
Puri- ad opus illud Dei peragendum fe-
tanorū rebantur. Nec verò Principis au-
tribu- thoritatem expectarunt, id quod in
natus. Anglia, Dania, aliisque Germaniæ
partibus fieri solet; sed ipsi sua spon-
te negotium tentarunt: vnde omnê
bene gubernandirationem, nõ nu-
tare solum, sed plane concidere necesse erat. In illa & rerum, & temporum confusione, orti sunt quidam igneæ naturæ Concionatores,
qui eò potentiç apud populum pro-
uehebantur, vt dulcedinem iam Imperii degustantes, inciperent nescio
quam Democraticæ reipublicæ formam

mam, sibi somniare. Et cum iam
temporum iniuriis ex aui. & matris
meæ calamitate satis opimam præ-
dam nacti essent, pupillaris etiam
ætatis meæ libertate ad suam libidinem abutentes, ita opinionis erro-
re in illa democratia sese fundarunt,
vt certa spe tribunitiam plane potestatem sibi deuorassent. Atque
hoc modo in populari administran-
di forma, dum imperitam plebecu-
lam quô velint ducerent, vnde autê
velint deducerent, omnino rerum
summam obtinuerunt: atq; ob hanc
etiam causam nec in populari ætate
mea, nec ex illa tempore vnquam
aliqua seditio orta est, quin illius
factionis antesignani sollicite id a- *Vngues*
gerent, vt turbulentos hos concio- *inulce-*
natorum spiritus ad suas partes per- *re.*
traherent, quorû patrocinio res ge-
reretur. Hinc etiam sæpius in con- *Flabel-*
cionibus & pro rostris me lacessunt, *la sedi-*
non alio nomine, nisi quia rex *tioni.*

essem: quo nullum maius malum esse existimarunt. Sed quum palam hâc querelâ profiteri eos suppuduisset, tum curiosius in meas actiones inquisiuerunt, vt vel lippum oculum meum planè cæcum longè viderint, & si forte vel falsos quosque rumusculos contra me aucupetur, cum tã proba materies eis data sit, quin peritos adhibeant fabros, non est cur dubites. Neq; verò tam affabre rem tractarût, dum astutè satis inter personam & munus distinguerent; quin aliquoties etiam non cogitantes imprudenter satis illud effutirent, omnes Reges & Principes, vel naturâ

Ecclesiæ libertati hostes esse infensissimos, neque vllo modo Christi iugum ferre posse: isto doctrinæ lacte greges suos nutricârunt. Sed quum doctioribus & prudentiorib. è ministerio viris, & pudori & offensioni temeraria ista præsumptio esset, omnibus etiam modis contenderent

derent hi, vt eos ad maiorem animi
moderationem reducerent: nullum
præsentius remedium. turbulenti i-
sti spiritus excogitare potuerunt ad
sustinendum illud quod designarãt,
quàm in Ecclesiam paritatem quandam & æqualitatē introducere: quo *Parita-*
quidem pacto euenit, vt imperiti *tis præ-*
homines præfricta fronte, doctio- *textus.*
res, & probiores viros penitus ex-
ploderent. Apage matrem confu-
sionis *æqualitatem*, inimicam con-
cordiæ, hanc autem solàm Ordinis
procreatricem. Nam æqualitate
quadam in Ecclesiastica politia sta-
bilita, si illius exemplo ciuilis etiam
status ad similem paritatem tradu-
ceretur, quanta omnium rerum cõ-
fusio inde sequeretur, quis non vi-
det? Caue ergo sis, mi fili, ab ista Pu- *Pessimi*
ritanorum secta, tanquam à vera Ec- *reipu-*
clesiæ & Reipublicę peste: quos nul- *blica*
la merita deuincire, nulla iuramenta *coloni*
astringere, nulla promissa obligare

poſſunt; præterſeditionem & calumniam nihil ſpirant; præter modum & modeſtiam ambitioſe aſpirant; ſine ratione maledicta ingerūt; ipſorum commenta ſine authoritate verbi diuini tanquam Lesbias regulas conſcientiis fabricant. Deum illum ſummum teſtem appello: (nam cum iam teſtamentum condam, nullus erit falſo locus) nuſquā inter montanos illos Barbaros vel Limitaneos latrones te reperturum magis ingratos, magis periuros, quàm phanaticos iſtos ſpiritus: tu verò eorum ductores, & anteſignanos in terra tua manere ne ſinas, ſi modò quieti & tráquillitati tuæ cóſulere cupias: niſi forte vt *Socrates* ſuam Xantippem, ita tu eos ad patientiam tuam exercendam retinere velis.

Alexi pharmacū. Iam contra iſtuc venenum Antidotum à me accipito. Probiores, modeſtiores, & eruditiores è miniſterio

sterio viros amplexare; eos officiis,
& beneficiis prosequere: quorum,
Deo sit laus, haud exiguus apud nos
numerus est. Istis de episcopatibus
& dignitatibus commode prospexe-
ris, abrogato penitus damnoso illo
statuto, *Annexationis* vulgo quod
vocant: ni forte ante à me id effectu
inueneris. Hoc modo nõ solum Pu- *Non
ritanorum imaginariam istam pari- beneco-
tatem, ceteraque eorum insomnia, uenit*
quæ vel Ecclesię administrationi, vel *Æqua-
Reipublicæ paci, vel bene institutæ lias &*
Monarchię minus conueniant, pe- *Maie-
nitus exterminaueris: verum etiam stas.*
auitum illum trium Ordinum con-
uentum (idq; hac sola ratione) in integrum restitues. Sed (vti spero) Deus modo mihi vitam largiatur, ipse
tibi in hoc negotio glaciem prescin-
dam, vbi ego insistã, tu vestigia mea
persequere.

   Vt ergo hanc meam de rebus
Ecclesiasticis adhortationem con-

cludam: *Neminem pluris feceris quā*
Pastorem bonum: Neminem magis o-
deris quàm Puritanum vanum: nullum splendidiorem tibi titulum fore existimes, quàm si Ecclesiæ pater
nutritius cognomineris. Singulis
tuæ ditionis Ecclesiis probos pasto-
res præficias: Scholas & Academias,
Ecclesiæ seminaria, munifice susté-
tes; doctrinam Christianam, & disciplinam puriorē ex præscripto Dei
verbo integram conserues; commoda & sufficiens rerum ad vitam ne-
cessariarum prouisio sit; decorum in
omni parte admi ristrationis tuę ob-
seruetur: Fast° poenâ, modestia præmio afficiatur: Ministri magistratus
suos, ministros sui greges debita reuerentia, & honore prosequantur:
vt hoc modo Ecclesia pietate, pace,
literis florente, omnibus vitæ tuæ
gloria maximè elucescat. Duo autem hęc extrema, ita æqua lance tē-
peranda sūt, vt non tam Puritanum
                                    leuem

leuem reprimas, quàm tumidos etiam istos, insulsos & insolentes Pon-
tifices, seu papales Episcopos com-
primas & coerceas. Quorum si aliis
alii merito præferendi sunt, eos tamen suisquibusdam cácellis restrin-
gas, ne forte contagio aut corruptela aliqua in Ecclesiam irrepere possit.

Proximum iam locum cum meæ
disquisitionis, tum Parliamenti ordine Nôbilitas occupat : Quæ etsi
secundæ classis numeretur, vi tamen
& potestate, vel ad iuuandum, vel
ad nocendum longo interuallo primas obtinet.

Nobi-
lium
ordo.

Hæreditarius autem ille morbus,
quem nostra hac tempestate, huic
Ordini innatum animaduerti, elata
nimis & fastuosa quædam suæ magni-
tudinis & potentiæ persuasio suit:
qui vnâ cum lacte nutricis errorem
hunc exsuxerunt, omnem ipsorum
splendorem & magnificentiam in

tribus potissimum iniustitiæ modis
consistere : Primò in opprimendo
vicinos suos tenuioris fortunæ homines : quos, nullo licèt beneficio
obstrictos, ad sua seruitia & obsequia
vel inuitos cogere volunt. Secundo,
famulos suos, clientes, sectatores per
fas & nefas, iure an iniuriâ propu-
gnando. Iusta enim in causa quilibet
seruus à domino ritè defenditur. De
leuissima autem offensione illis à vicinis data, statim vindicias profiten-
tur, nullaque vel Dei, vel Regis, vel
Reipublicæ ratione habita, classicū
canunt, militari manu in campum
descendunt, gens contra gentē iun-
ctis copiis dimicant, *Pede pes deúsus*
que viro vir: Imò verò multum illis
Rex debere videbitur, si in breuem
aliquem induciarum diem consen-
tire velint, cum & naturæ debito &
legis præcepto ad pacem custodien-
dam etiam per totam vitam sub pœna capitis teneantur.

Hisce

Hifce malis vt mederi queas, No-
biles tui non minus arctè quàm homines infimi legibus obtemperare
difcant : Neque. eft quod leues eorum obmurmurantium & indigna-
tium vocalas extimefcas, modo tu
tuorum munere præclate fungaris. Nam
& per belli ifti Principum reforman-
dorum prætextᵘ femper fucceſſu carent, niſi cum res male adminiſtran-
tur.

Reme-
dia.
Ariſt.ς.
Polit.

Tu cú probioribus tuæ Nobilita-
tis Baronibus aliiſq; familiarius có-
uerſeris, omnibus cuiuſcunq; condi-
tionis hominibus, modò honeſtio-
ribus, liberum aditum concedas; i-
iſq; apertum te, comem, blandum-
que præbeas, ita vt fine aliquo pa-
nico terrore audaculi te compel-
lent : Tibi ipſi in propriis perſonis
fupplicent; neque potentiorum in-
terceſſorum opem aut auxilium
implorent ; Omnis enim fancto-
rum interceſſio Papifmus eſt: Hoc

Xen. in
Cyr.
Iſocr
in Eu.
Cic.ad
Qu.Fra.

modo faſtuoſa eorum ſupercilia,
humeros môſtroſos, quibus tanquã
Athlante cęlum niti omnia vidétur,
ad mediocritatem reduces. Ad
barbaras autem iſtorum windicias
quod attinet, excita & exere earum
legum vim & virtutem, quę contra
eas à me latęſunt: primordium ab eo
capito qui tibi intimus eſt, quique
tibi magis deuinċtus eſt, vt in eo reliquis exemplum ſtatuas. Omnis
enim reformatio incipiat oportet
ab iis, qui tibi ad latus aſſident; vnde
gradatim ad vltimas etiam ditionis
tuę oras deriuetur. Neque verò
ceſſandum tibi erit, donec efferatas
iſtas & cruentas vltiones extirpaue-
ris; vt earum effeċtus lamentabiles
non minus apud nos in deſuetudinē
abeant, quam earum nomen barba-
rum, apud exteras nationes nouum
& inſolens habeatur. Nam ſi vel Gal-
lico vel Latino ſermonę ſcribendus
hic liber foret, vix ſine circũloqua-
tione

tione hæc vlcilcendi genera nomi-
nari potuissent. Sed quo facilius ista
è medio tollátur, seuerius obseruari
faeias leges illas côtra istas bombar-
das & proditorios sclopetos à me e-
ditas: Neque verò aliter quàmveluti
latrones & sicarios, vel animo iudi-
ces, vel sermone appelles, vel supplicio castiges huiusmodi homines, qui
hæc tela circumferunt, & qui iis v-
tuntur.

Iam verò ex altera parte caue ne
negligi aut contemni à te tua Nobi-
litas sese viderit. Hic error Regem
auum meum mœrore & angore cô-
fecit. Tu verò cogita splendorem Pla in
Pol &
generis virtutem plerunque comi- 5. deQ.
tari. Illustrium maiorum auita di Arist. 5.
gnitas, vt quidam eis respectus, & œcon.
reuerentia exhibeatur, efflagitat.
Hisce igitur nobilibus qui legibus
tuis libenter parent, tanquam paribus & patribus prouinciæ tuæ ho- Xen in
norem deferas. Quo frequentiore Cyr.

E

Nobilitate Aula tua condecoretur,
eo maiorem tibi honorem putes:
Eos tibi in confilium, in auxilium, in
maximis tuis negotiis adhibeto: Hi
tibi manus, hi brachia, nerui & lacer-
ti in legum exequutione futuri sunt.
Morigeros & modestos amore, con-
tumaces è contra rigore persequere; adeo vt ex nulla re alia maiorem
laudem & gloriam venentur, quam
quod humilitatis versus te, & in leges obseruantiæ vel infimis quibuf-
que palmam præripiant. Eorum autem aures hisce vocibus perpetuo
circumsonare oportet, nulla ab illis
erga te officia magis grata, nulla obsequia magis expetita proficisci posse, quam si & ipsi personas suas, a-
ctionesque legibus subiiciant, & cę-
teros etiam pro ea, qua valét authoritate, ad eandem obedientiam pertrahant: sine quo quid aliud tandem
est, in quo tibi gratificari sperent?

Præfe
ctura.

Nullum autem in hoc Regno no-
stro

ſtro Legum Exequutioni maius im-
pedimentum inuenio, quam hære-
ditarias illas præfecturas, aliaque id
genus Regalia: quæ cum in Poten- *Rega-*
tiorum manus deuenerunt, vniuer- *lia.*
ſam prouinciam ſæpenumero peſ-
fundāt: neque verò huic malo præ-
ſentius remedium occurrit, quam
vt addurius examen, ſtrictioremque
calculum magiſtratus iſti reuocen-
tuȓ; ipſarum etiam legum ſeuerio-
rum aſperitatem perſentiant, ſiquid
deſidioſe aut iniurioſe contra officium deliquerint.   Quoties autem *Ariſt. 2.*
propter ipſorum officialium delicta *Pol.*
loca hæc vacare contigerit, caue
ea cuiquam deinceps hæreditario
iure concedas : atque ita temporis *Angliæ*
progreſſu ad laudabilem Angliæ *mos*
morem perducere contendas:quod *lauda-*
tus.
facilius effeceris, ſi quod ſpero, Deo *Terti-*
iuuante, trunque Regnum tuo iure *us &*
obtinueris. *vlti-*

Sequitur vt ad tertium & vltimū *mus*
Ordo.
E 2

illum Ordinem, qui municipiorum
eſt, deſcendat & dilabatur oratio. Nã
& minores Barones in inferioris No
bilitatis numerum referimus. Mu-
nicipes autem noſtri ex duobus po-
tiſſimum generibus hominum con-
ſtant, Mercatoribus & Opificibus;
quorum vtrique ſuis etiam morbis, ſuis infirmitatibus laborare ſolent.

Mercatores non alio fine rẽpu-
Merca- blicam inſtitutam, quam ad ipſorũ
torum facultates augendas, fortunaſq; am-
ani- plificandas credunt, qui ex alienis
mus & incommodis ſua comparare cõmo-
vſus. da, id licito & honeſto in lucro de-
putant. Res neceſſarias à nobis ex-
portant, quarum loco vel prorſus
nihil, vel minus neceſſaria ad nos denuo important; viliſſimas merces
cariſſimo precio venditant. Et quã-
quam prędialium fructuum pro eorum vel copia, vel inopia, modo carius modo vilius emuntur, ipſarum
tamen

tamen merciumpreciũ augeriquidẽ
indies,diminui nunquam videmus:
nec minuspręfractè deprauatã hanc
consuetudinem,quàm ñ Pragmatica
quædam sanctio foret, retinendam
putant.

Ab hisce etiam omnis illa adulte-
rinæ pecuniæ ratio emanauit,qui cũ
puras nostras pecunias,minimeque
admixtas in exteras nationes à nobis
transportãt, harum loco peregrinos
& exoticos nummos ad nos reuehũt,
quo valore,quave ęstimatione, penes ipsos arbitrium est.

Hisce malis vt occurramus,ad executionem earum legum recurrẽ-
dum est, quæ contra istos abusus à
me sunt sancitæ. Tria verò tibi præcipue tenenda sunt: gnauos, & probos, sed numero pauciores cõstituas
Inquisitores , quasi *triumuiros Mo-*
netales : Nàm quod plures faciunt,
plures negligunt. Tum fidum & diligentem tibi asciscas Fiscalem, qui

E. 3.

Plat 2
de Rep.
8. & 11.
de leg.
ab illis rationem expofcat. Inui-
tes & quoad poſſis pelliceas Mercatores exteros , qui mercaturam
hîc exerceant. Ita enim & meliores
merces & meliori precio ad vſum
ſuppetent, cum ab ipſis mercatoribus , non à reuenditoribus omnia
coemere libera detur poteſtas. Singulis autem annis omnibus rebus
certum precium ſtatuas , pro rata
parte, qua in aliis regionibus venun-
dari ſolent: moderato autem ſemel
precio ſtabilito, ſi noſtri mercatores
hiſce conditionibus ad nos aduehe-
re recuſent , exteros prouoces, qui
libere etiam non ſoluto portorio ea
ad nos perferant.

In pe-
cuniū
quæra-
tio ad
hiben-
da.
Sed quum iam monetarum men-
tio facta eſt, nummos tuos ex puro &
defæcato auro, & argento tibi con-
flari, & cudi iubeas, vt in ſolutioni-
bus populo tuo nō numero, ſed pō-
dere ſatisfiat; ita & reſpublica dita-
bitur, & ærariū tuum locupletabitur.
Quod.

Quod ad bellicos apparatus, aliaſ-
que vel temporum anguſtias , vel
tempeſtatum difficultates tibi vſui
eſſe poſſit. Nam etſi nummorum
admixtio, quiddam in ſeſe vtile contineat;nuſquam tamen niſi neceſſi-
tate coacto, ad id tibi cōfugiendum
cenſeo. Quid Opifices?nonne hi *De O-*
etiam ſua opera, ſiue benè, ſiue ma- *pificib*.
Plat.11.
lè laborata,quo vel in ipſi precio no- *de Leg.*
bis, vel inuitis obtrudent ? Quos
ſi forte leuiuſcule reprehendas, A-
uentinum montem ſtatim ſomni-
ant, & ad Tribunum prouocant.
Sed in iſto negotio Angliam tibi *Angli-*
pro exemplo ob oculos ponas: quæ *cana*
& opibus & benè adminiſtratæ *admi-*
Reipublicæ laude ſemper floruit;ex *niſtra-*
quo primum Opifices exteri con- *tionis*
fertim illuc conuolarint. Tu igitur *cōmen-*
datio.
exteros ad nos aduentantes nō per-
mittas modo, ſed quibuſcunq;mo-
dis poſſis pelliceas:nec minore cura *Plat.9.*
ſubmurmurantem & renitentem *de Leg.*

E 4

plebem noftram compefcas, quàm
in Anglia idem aliquando factum
fuit,cum exterieô primum aduolâ-
rint.

Multi-
tudinis
vitia.

Sed vnicum adhuc reftat vitium,
quod per vniuerfam huius Regni
plebem, tam ciuitates, quam pagos
vbique peruafit: id eft, de Principe
temere,inconfiderate,& loqui&iu-
dicare. Qui Rempublicam in lubri-
co & ancipiti loco collocantes, ipfi
præfentis ftatus pertæfi, nouis femper rebus ftudeant.   Ad hunc mor-

Saluft.
in iu-
gur.

bum curandum præter legum exequutionem, quæ à me aduerfus im-
modeftos obtrectatores promulgâ-
tur,illud præfens remedium eft, ita
imperare , vt cuiuis maledicenti os
penitus obftruatur: adeo Reipublicæ bonum , populi incolumitatem
follicita cura prudentis & moderati
imperii,tanquã Herculea columna,
fuftentare,vt ne *Momus* quidem ipfe
quicquam habeat quod obloqua-
tur.

tur. Ita tamen seueritati semper le-
nitas & mansuetudo sunt admiscen-
dæ, vt non tam iniusti detrectatores
pudore&timore in officio contine-
antur, quàm etiam beneuoli & amā-
tiores subditi tui secura & felici vita
gaudentes, ad prudens hoc&mode-
ratum Imperium tuum pleniore ore
laudandum, humanitate & benefa-
ctis tuis incitentur: qua ratione ad
mutuam & communem inter eos
concordiam cōciliandam, anniuersarios quosdam ludos & spectacula
publica instituí oportet, quibus &
populi animi omni honestiore genere oblectamenti capiantur, & eo-
rum corpora etiam ad militaria ex-   Arist.
ercitia assuescant. Tum verò sobriis   pri.
& moderatis cōuiuiis inuitandi nō-   Isocr.
nunquam vicini, amici, propinqui   in Pa-
sunt, quibus ad iocum & hilaritatem neg.
prouocentur, & amor non simulatº
facilius conseruetur.   Neque ego

E   5

intelligere possum, quæ maior superstitio sit Anniuersarios hosce. ludos & spectacula, modo licita, mense Maio celebrare, quam Natalitiorum Christi tempore conuiuiis indulgere ; & quadragesimali solis piscibus vesci : vtrumque enim & hoc, & illud Pontificii faciunt: Hac semper adhibita cautione, & Sabbata sacrosancta obseruentur, & ab omni ludorum illicitorum genere eo die abstineatur. Atque vt hic vsus ad hominum animos retinédos in omnibus bene moratis rebuspublicis plurimum antiquitus valuit; ita etiam efficiet vt in administratione tua vetus illud Horatii dictum ad viuum exprimatur:

Omne tulit punctum , qui miscuit vtile dulci.

Horat.
de Art.
Poet.

Videsiam, mi fili, quomodo ardore quodam amoris, & studio omnia tibi patefaciendi, in perstringédis omnium Ordinum vitiis fuerim paulo.

lo acerbior : Sed fummum Deum
teftor hon alio animo id à me factu
efle, quam paterno in ipforum per-
fonas amore, iufto in eorum vitia o-
dio. Nam & fatis magnum proborum numerum in fingulis Ordinib*
reperiri certò fcio.

Et quoniam ad iftas Ordinum de-
prauatas confuetudines corrigédas.
plurimum te iuuabit, maturas, ftudia
affectus fubditorum tuorum penit*
noffe, fingula etiam mébra prouin-
ciarum tuarum intus, & in cute per-
fpecta habere: me ergo fi audies, fingulis annis femel illius prouinciæ
præcipuas partes inuifes, vbi te có-
morari contigerit. Et quia pluri-
um regionum te Regem aliquando
futurum confido, non abs re erit, fi
omni triennali fpatio, omnia tua regna perluftrare contendas : Neque furrogatis tuis Regulis omnia
committas, fed ipfe in perfona tua
eorú querelas accipias, facilefq; fup-

Pla in
Pol. &
Min.
Tac ..
an.
Mart.

E 6

plicantium precibus aures præbeas.
Singula etiam Regna sua propriorū
Inquilinorum Consilia, Iudicia sua,
sua Tribunalia habeant.   Summa
autem & maxima negotia tibi adue-
nienti definienda reseruentur.

Exte-
rórum
iniuriæ
propul-
sanda.
Xen 8.
Cyr.
Arist.ſ.
Pol.
Polib 6.
Dion
Hal de.
Romu.
    Proxima consideratio erit, vt nõ
solum ab intestinis malis & damnis
subditos tuos defendas, sed etiam
exterorum Principum inuasiones &
hostiles impetus longe propulses.
Hanc etiam ob causam a Deo tibi in
manus gladius datus est, vt non tam
populum tuum à domesticis iniuriis
vindices, quam eum ab externa etiã
vi, & violentia fortiter propugnes.
Et propterea bella iustade causa sus-
cepta licita sunt.   Inprimis tamen
cauendum est, ne à te bellorum causa proficiscatur.

Versus
prin-
pes quæ
forma
seneda.
    Erga cæteros Principes, tanquam
fratres tuos, honestè & beneuolè te
geras: quę semel eis promiseris, licèt
cum detriméto tuo, religiose tenere
                                    opor-

oportet. Singulos eorum humanitate & grata animi significatione in
certando vincas.

Vt cum ceteris omnibus, ita pre Iso. in
Plat. &
Par.
cipue cum istis veracem & simplice
te demostres: in omni actione Christianum illud praeceptum imitatus:
vt *aliis id facias quod tibi fieri velis*. Si
quos cotra alios Principes suos pro-
ditionem moliri deprehenderis, statim tibi paratam esse pestem credas,
vt participes parem. Nullo igitur Arisad
Al Vat:
11. de V.
modo aliorum Principum rebellib⁹
vel fidendum, vel succurrendum est. P. R.
Cle. s.
sed Principes potius in tantis eorum offi
Liu. lib.
4.
angustiis adiuuandi sunt.   Quod si
nulla merita tua tatum apud eos va-
lere possint, vt ab iniuriis abstineat,
auxilium à tempore petas ; interim
quod rationi consentaneum erit, id
facias.   Quod si ne adhuc quidem,
vel iustitiae ratione , vel honoris re-
spectu induci possunt, vt à malefaci-
endo cessent, & de iniuriis illatis po-

pulo tuo satisfaciant: extremum re-
fugium tuū illud esto ; Causæ tuę Iustitia Deo committenda est: Ita tamen vt eos prius dimittas, saluo semper honore tuo , & ex Iuris publici
præscripto.

Lin. lib.
1. Cic.
eod.

Sed de belligerandi ratione &
modo, quoniam à multis illa ars co-
piose disquiritur , & vsu facilius
quam præcepto addiscitur, fusius
iam dicere supersedebo: Pauca solū-
modo præcepta hìc tibi tradere in-
stitui.

De bel-
lo.

Primum igitur, summum & maximum causæ tuę robur & firmamen-
tum sit Iuris æquabilitas : postea ,
quascunque alias auxiliares copias
secunda in acie collocato: Nullum
vel magum, vel Hariolum vanum;
de bellorum successu consulito : ti-
bique documento sit , Regis *Sauli*
miserrimus exitus. Ab omnibus
autem istis Aruspicibus , Ariolis,
Mathematicis, vaticinatoribus re-
gio-

Prop. 4.
Eclog.
Luca-
nus 7.
Varro
11. de V.
R. R.

1. Sam.
31.

gionem tuam perpurgatam serues:
secundum diuinum præceptum à
Ieremia propheta latius explicatum.
Nec verò singulari certamini ius
tuum disceptandum relinquas. Nã
quum omne duellum illicitum sit,
quo sortiri quidem, non diiudicare
res solemus, & propterea post Legem Mosaicam abrogatam, nullam
a sacris literis authoritatem habeat:
tum verò in Rege hoc iniustissi-
mum est. Qui cum publica persona sit, sui ipsius potestatem non
habet, propterea quod veluti cum
corpore caput, ita illius salus, interi-
tusque, cum salute & interitu reipublicæ firmis nexibus, & compagibus
conglutinata sunt.

In bello suscipiendo prudentis illius Regis in Euangelio sequere cõsilium, vt de omni apparatu bellico
multò antea tibi prospicias. Inprimis verò memineris, *neruos belli es-*

Deut.
18.

Plut. in
Sert. &
Ant.

Luc. 14
Thuc 2.
Salust.
in Iug.
Cic. pro
l. Man.
De-
most.
Olyath.
2. Liu li.
30. Ve-
get. 2.

se pecunias. Ductores vsu & experientia veteranos, milites manu pró-
ptos, & corporis robore valentes
iuuenes in delectu habeto. In Disciplina militari retinenda asperiorē
te esse decet: non solum vt ordo seruetur, qui in bello non minus quam
ipsa fortitudo necessarius est, & desi-
dia puniatur, quâ totus nonnunquā
exercitus in discrimen vocatur: sed
etiam vt seditiosorum tumultus re-
primantur, quo nihil in bello perni-
ciosius, nihil funestius. Hispanum
verò exemplar tibi ob oculos imitandum proponas, cuius incredibiles bellorum successus non ab vlla
causa alia, quàm à militaris discipli-
næ seueritate dimanarūt: huiusmodi enim errores in acie committun-
tur, qui vix aut ne vix quidem restau-
rari possunt.

Quod ad personam tuam attinet,
gnauum, vigilantem te, diligentem
& laboriosum esse oportet. In isto
autem

Cæsar
l. & 5.
de bell.
ciuil.
Prob. in
Thras.

Cic. r.
de bell.
ciu. Liu.
l. 7. Xen.
1. & 5.
Cyr. &
& de di-
scip.
mil.

autem vt & in reliquis omnibus negotiis tuis , peritiores illius artis in
conſilium tibi aduoces.

Cum militibus tuis familiarius
conuerſeris,quo eorum animos tibi
deuincies ; tum in munificentia ex-
ercenda ſis profuſior:iſtic enim nullus parcimoniæ locus erit. In con-
ſulendo ſemper lentum & prouidū, Xen in Ageſ.
in ſtatuendo ſtabilem & cōſtantem,
in exequendo promptum & expe-
ditum te eſſe oportet. Poſt inſtru- Polli.5.
ctam aciem bene munienda omnia
loca ſunt. Nec temere adoriundus,
nec timide vitandus hoſtis eſt: vtrū-
que maiore qua poſſis commodita- Xen, 1. Cyr.
te efficiendum eſt. Aſtutia etiam, Thu-
& dolus militaris magnam laudem cyd.5.
merentur; dummodo quod inge-
nioſum,idem & honeſtum Hæc au-
tem ſi quam callide inuenta ſtrata- Iſocr.
gemata ſunt, tam tecte etiam celari ad Phil. Plat.9.
poſſunt, incredibiles in bello pro- de Leg.
ducere effectus ſolent. Tibi ſemel

Liu. 22.
&31.
Tac.3.
hist.
Plut.de
for.

arque iterum perſonam tuam diſcri-
mini offerre liceat : ſed poſtquam
fortitudinis & magnanimitatis famam ſemel adeptus es , videſis ne
quaſi gregarium militem te quotidianis periculis inconſulto obiici-
as; ſed publico te bono inpoſterum
reſerues: neque tibi ſolum te natum
putes, ſed maiorem ortus tui partem
patria vendicat: cuius etiam cauſa te
tibimetipſi multò cariorem eſſe o-
portet.

De pa-
ce.
Iſocr.in
Arch.
Eolib.3.
Cic. 1.
Off. &
7. Phil,
Tac.4.
hiſt.

Sed vt antea ad arma capienda te
tardiorem eſſe volui , ita ad eadem
deponenda non nimis feſtinare. Ante pacem factam , vide vt bellorum
cauſis pacis reſpondeant condi-
tiones : vnde tibi & populo tuo
proueniat tuta ſecuritas : aliàs ego
quidem ſuaſerim , iuſtum bellum
inſidioſæ paci ſemper eſſe preferen-
dum.

Sed vt demus ad tempus hæc quæ
dixi à probo Rege recte obſeruari:
Remp.

Remp. bene adminiſtrari : Solium
ſuum & ſceptrum. Iuſtitiâ confir-
mari : ſalutares leges. executioni
mandari: populum vi armorum ab
iniuriis propugnari : non tamen in
eo ſunt omnia: Imo ne ſatis, quidem:
niſi ipſius Regis vita virtuti conſen-
tanea, Aulicorumque ſuorum actiones laudatæ, probatique mores reliquis concinant. Hinc enim o- *Regium*
mnes ſubditi, vel ad imitandum, *vita e-*
vel ad fugiendum, virtutum aut vi- *xem-*
tiorum exempla deſumunt. Abſit *plaris.*
ergo mi fili, vt aliquando hic rumor *Pla. in*
percrebeſcat, te aliis pulchra quidé *Pol. &*
præcepta decantare, à teipſo in vita *4.de*
nihil hiſce conſonum obſeruari: cu- *leg.*
ius dicta, à factis, toto cælo diſſident.
E contra verò vita tua, inſtar legum,
Codicis, & ſpeculi loco populo tuo
ſit; vbi & legum ſuarum vſum quotidie perlegant, & ex imagine tua
perſpiciant, qualem ipſi vitam tradu-
cere debeant.

Hoc autem vitæ tuæ & personæ
exemplar bifariam considerari potest: Primum, in aulicis tuis ad omnē
virtutem & pietatem effingendis,
ponitur.   Alterum, in animo pro-
prio tuo omni virtutum genere &
dotando, & ditando; vt summa
cum dignitate populo tuo præesse
possis.   Nec verò satis tibi esse
putes, quod innumeras animi dotes, preclarasquè virtutes intusqua-
si in ergastulo quodàm conclusas, &
constrictas teneas, nisi eas aliquādo
in lucem proferas, & exerceas; in eorum vtilitatem, & fructum, qui tuo
imperio subiiciuntur. *Virtutis enim
laus omnis in actione consistit.*

Primum igitur de Aulæ tuæ to-
taque Palatinorum tuorum institutione, accipe Regis *Dauidis*, pul-
cherrima præcepta, quæ cuiuis Principi Christiano aptissime conueniant. Nam si in subditis tuis regendis
magnam curā ponere debeas, quanto in

Plato in
Thez.
&Euth.

Ar. 1. E-
thic.
Cic. in
Off.
Aula
institu-
tio.
Psal.
101.

to in aulæ tuæ adminiſtratione maiorem? in qua cum magiſtratus, tum
Patrisfamilias onus tibi incumbit.
Vt ergo quiſque è populo ſumma **Cic.**
cum delectatione Curialium veſti- **adQ.**
giis ſeu rectis, ſeu obliquis facilè in- **Fr.**
ſiſtit: Ita nullum tam enorme crimé
ab Aulico perpetrari poteſt, cuius
exemplum cæteris & impune, & im-
pudicè ſimiliter peccandi authoritatem non afferat. Duplex ergo in
Aula & familia tua adminiſtranda
Cautio tibi adhibenda eſt: Primum
vt prudenter eligas: tum, vt diligenter regas, quos delegeris.

Vetus eſt, ex quolibet ligno nó
non fieri Mercurium: Et quanquam **Plat.5.**
educatio & conuerſatio magna na- **de Leg.**
turæ adiumenta ſint, ita vt earum al- **Ariſt.**
tera, altera merito. Natura dicitur; **2. Cic.**
tamen & illud etiam non tam vetus
quam verum dictum eſt: *Quo ſemel*
eſt imbuta recens ſeruabit odorem
Teſta diu, Summa ergo cautio in Pa-

latinorum tuorum delectu haben-
da est. —————— *Nam*

Ouid. t
de Trist.

Turpius eiicitur quam non admittitur
hospes.

Et multa ingrediétibus aditum prę-
cludunt, quę semel ingressos difficil-
lime excludunt.

Palati-
norum
delo-
ctus.

Vniuersus autem hic Curialium
coetus & satellitium Aulicum tuum
tribus potissimum partibus constat.
Nam vel *Minorennes* sunt, vt *Ba-*
rones adolescentuli, qui in conspe-
ctu tuo alendi sunt : vel *pueri cele-*
Arist. 1.
&5. Pol. *res* : vel denique *adultioris ætatis ho-*
mines, a quibus illa loca supplenda
sunt, quæ à viris discretis, & pruden-
tibus occupari solent. Ad primum
genus quod attinet, quid melius facere possis, quam adhuc in pupillari ætate constitutus, in famulatum
tuum cooptare illos, qui probis, &
honestis parentibus prognati sunt?
Cic. ad
Qu. Fra. *In fide parentum*, quod in Baptismo
fieri solet. Nam quamuis e *Anima ex*

tra-

traduce non oriatur, sed immediate
à Deo cælitus transfunditur; tamen
certissimum hoc est, virtutes & vitia hæreditario plerunque iure à parentibus & posteros transmitti, &
quasi in sanguinem, seu potius, vt
Iurisconsulti loquuntur, *in stirpes*
succedere: Nec minus naturali tran-
situ in quorundam progenie animi
vitia propagantur; quam ipse corporis infirmitates, quibus semé ipsum
inficisolet.   Tu igitur huiusmodi
minores eligas, qui fidis, & integris
parentibus progeniti sunt; quorum-
que familiis nulla infamiæ, aut malę
fidei nota inusta est.

Cæteri autem adultioris ætatis
Palatini tui, vitæ vt integræ & illęsæ
famæ & sine macula habeantur :
Quod si secus euenerit, quid aliud
iudicare homines possunt, quam
te sequaces & pedissequos tibi asci-
uisse quam similimos, eosq; tam per-
ditos & profligatos homines, amo-

Plat. 6.
de Leg.
I sin
Pan. j
Arist. ſ.
Pol.

Dem. ja
Phil.

re vitiorum quibus inquinantur, te
ad iſtam dignitatem euexiſſe ? Vnde
enim homines, qui intùs te & in cute cognoſcere nequeunt, niſi externa rerum facie, ex tuis tuorumque
moribus & actionibus, quæ oculis
ſubiiciuntur politum adhibere iudicium debeant ? Proximum eſt,

Plat. 7.
de Rep.
3. & 12.
de Leg.
Ariſt. 5.
& 6 Pol.

vt adminiſtri tui huiuſmodi animi
dotibus imbuti , & virtutibus in-
ſtructi ſint, quæ ad illa munia obeũ-
da, quibus eos præfeceris, aptæ & i-
doneæ videbuntur. In quo Iudicii tui
limam facile prodideris, dum cuiuis
negotio peritos eiuſdem artifices
præponas. Vno verbo expediam:
In delectu ſeruorum tuorum Regis

Pſal.
101.

Dauidis conſilium ſequere, vt fideles, iuſtos , integros terræ & oculis
perluſtres, & vndiq; conquiras, qui

Here-
ditaria
bene-
uolen-
tia.

in atriis tuis apud te perpetuò com-
morentur.

Atque hîc præterire nonpoſſum,
quin & te admonitum , & paterna
mea

mea authoritate tibi mandatum velim, vt omnes eos in famulatum tuum aſcriptitios & commendatos habeas, quotquot mihi fidelem operā
præſtiterunt, qui ad illud nimirum
munus idonei reperientur: cæteri à
te munifice præmiis remunerandi
ſunt; eorumquē poſteri amoris er-
gô, reliquis præferendi. Quo pacto
nõ ſolum iſtorum ſeruitiorum fructum ipſe metes, (quid ni enim parentum tuorum oſores te etiam o-
derint, & eorum amatores, te magis
diligant?) ſed etiam grata hac recor-
datione parentum memoriam reco-
gnoſces: & tāto magis tibi benedicēt
veteres hi ſeruuli, quod in te veteris
domini bene merita agnoſcant: qui
aliàs & me ſibi ademptum grauiter
dolèrent, te autem è medio ſublatū
ex animo exoptabunt. Me ergo defuncto verſus eos ita te geras, vt ma-
gnitudinem amoris erga me tui hoc
modo exprimas; eos ſemper ad ma-

F

iores honores euehendo, in quibus
ego maiorem fiduciam collocarim.
Id autem non ex præmiis, quibus e-
go eos affecerim metiédum est (Nã
bona fortuna vti nominátur, ita plurimum fortunæ subiiciuntur) sed ex
fide illa quam in eis reposuerim: Nã
& multis gratificandi sæpenumero
occasio mihi potius, quàm animus
defuit.   Ex altera autem parte non
tam in eos, quos ego amauerim, a-
moris tui vires expromas; sed in eos
etiam quos ego oderim, odii tui
stringas aculeos : id est, quos à me
proscriptos offenderis , vide ne tu
domum reducas, neve in integrum
restituas : contrarium si feceris ,
non tam in me maximum contem-
ptum , quam summam ingenii tui
leuitatem omnibus ostendes. Quo,
enim modo in filium fideles esse po-
terunt ii, qui in patrem fœdifragi ex-
tixerunt?   Sed vt ad institutum no-
strum de famulatu deligédo i rerum
                                   reuer-

reuertar, si præscriptum hunc modu
& formam diligenter sequêris, o-
mnia illa incommoda quæ mihi in
pupillari ætate in delectu seruorum
meorum mihi euenerunt, facilè e-
uitabis. Nam ab iis penes quos
tum temporis rerum summa erat,
serui mei diligebantur: & non quo
quisque mihi aptior, sed quo quis
eorum obsequiis accommodatior,
nutuique obseruantior, ita mihi ministri commendabantur. Id quod
quam plurimi eorum in primis illis *Exem-*
motibus contra me suscitatis ma- *plum*
nifestè demonstrarunt : Qua de *dome-*
causa magnam in satellitium meum *sticum.*
mutationem introducere coactus
sum ; & tamen tam mali exempli
res, illiusque temporis corruptela,
multum diuque mihi negotium fa-
cessiuit: ab illis præsertim peritori-
bus importunis, à quibus istiusmodi ministri commendati fuerunt, qui
illis potius à quibus immissi. quam

ipsi domino à quo admissi, deserui-
rent. Meo igitur, exemplo edoctus
sis, ab istis tibi praescriptis regulis ne
latum quidem vnguem discedere;
sed semper huiusmodi famulos tibi
seligas, qui tibi seruitio vtiles, non

Arist.
Pol. aliis nexu mancipio esse debeant.

Cum autem totius populi communem parentem te esse oporteat,
ex omni loco, remoto studio partiū,
ita ministros eligas, vt non tam aliorum cupiditatum quàm ipsorum
virtutum rationem habeas. Quid
enim impedit quominus omnes pro

Mini-
stri pu-
blici. tuo arbitrio tibi inseruiant, quum tu
omnibus pro tuo iure imperare debeas?

Pla. 5.
de Rep,
Cic. ad
Qu. fra.
Iso in
Pan. &
Nic. &
de Pace.
Thuc. 6.
Plut. in
Pol. Sed ante omnia summa tibi in
publicorum ministrorum delectu
cura ponenda est: Eorum nimirum
qui clauum Imperii tenere, & ad gubernacula Reipublicae sedere debeant. Nam in caeteris muneribus tuū
solummodo priuatum commodum

spe-

ſpectatur; in hiſce verò, totius etiam
populi & publica ſalus agitur, cuius
tibi aliquando omnipotenti Deo ratio reddenda eſt. Hiſce igitur muneribus preficias viros ſpectate prudentiæ, honeſtatis, conſcientiæ, ſatis illius artis quam tractant peritos,
ab omni contentione, & ſtudio partium alienos: præcipue verò ab illo
turpiſſimo aſſentádivitio immunes:
quam adulationem, *Principum pe-*
ſtem, luem & ſtrumam rerumpubli-
carum verè dicere poſſumus. Nam
quum in prima parte huiⁱ tractatus,
cauendum tibi predixerim de inter-
no illo tuo quem in ſinu geſtas adu-
latore, φα ωτια, quanto magis ab iſtis
externis aſſentatoribus, qui minus
propo te attingunt, cauere poteris?
Qui circulatorum & impoſtorum
more non adulterinas modo, ſed
peſtilentes & pernicioſas merces
vendirant: Qui niſi ex tuo interitu,
& Reipublicæ ſubuerſione, nullam

E 3

aliam fui ambitus fibi præmuniunt
viam. Et proinde per extremum illud Iudicium, per tremendum illud
tribunal, vbi aliquando caufam di-
cturus es, etiam atque etiam caue,
ne indignis homúcionibus fummos
magiftratus deferas.

De rebus autem ad ærarium pertinentibus, Quæftores eligas hone-
ftos, diligentes, facultatibus locu-
pletes, potentiâ mediocres ; vt cum
ad calculum reuocandi funt, ab iis
ftrictam rationem exigas fine peri-
culo, ne quid turbæ in populo fiat:
Hic error magnam mihi pecuniarû
iacturam attulit.

Nunquam aduenas & alienige-
nas fummis Reipublicæ muneribus
præponas : Iftuc enim inquilinorum animos, odio & inuidia in te &
in illos exæftuantes, ad tumultus
& feditiones perpetuo accendet.
Verum, vt antea dixi, fi diuina clementia ad hoc regnum tuum plura
accef.

Marginal notes (left):
Quæ-
ftores
publici.

Cautio,
prudes.
Arif.5.
Pol.
Cic. ad
Qu. Fra.

accefferint, cuiufque prouinciæ pro-
prios inquilinos tibi confiliarios af-
fumito.

Vt ergò caput hoc de delectu
Palatinorum tuorum concludam:
Nobiliffimorum famulatu te femper oblectes ; nam præterquam
quod ex Nobilium feruitiis & officiis plurimum amoris, inuidiæ parum redundare in te folet (id quod
in nouis hominibus contra fieri videmus) tum verò, vt antea dixi, generis nobilitatem virtutes comitati
fimiles plerunq; inuenies.

Nunc ad alteram partem defcendamus, de iis, quos delegeris, famulis rectè regendis : in quo vide vt
Aula tua aulicorumque tuorum
cœtus, virtutis, pietatis, honeftatis
reliquo populo lumen & facem præferant : In eorum moribus & vita
perpetuas excubias agito, ne vel tantillum à recta via deflectant. Quomodo enim leges & conftitutio-

F 4

[marginal notes:]
Platin.
1. Al. in
pol. &
5. de leg.

Arift. 2
œc.

Aula in
difciplina.

Id. in
Panath.

nes tuæ in prouincia obseruentur,
cum in Aula & Regia domo etiam ad
latus tuum violentur?

In Curialem legirupam acerbius
quàm in quemuis alium animaduertas: Neque patere quemquam istorum, dum tuæ gratiæ & benignitati
imponere volunt, in ciuium tuorum
bona & possessiones inuadere. Pro
Ari in Pol. sua cuiusque natura & moribus, ita
Tac. 1. illi vel domesticum vel alienum te
hist Val lib 2. præbeas. Hominem contentiosum
Curt. 4. canepeius, & angue effugito. Naturæ
mites & fide spectati tibi semper ab
intimis sunto, præcipue verò à cubiculis.

Nemo tuorum alienis negotiis
De-m ift. 8. curiose sese immisceat; sed tanquam
Phil. Turcarum illi milites prætoriani,
Sal in Cat. quos *Iannizaros* vocant, te solum
Liu. 11. parentem agnoscant, tuum tantum
bonum procurent. Quod si quis
amicorum & propinquorum rebus
sese interponere velit, per te liceat:

Nam

Nam quum nulla iam tibi vel agna-
tio, vel cognatio ostentanda sit, sed
æquo iure cum omnibus bonis viuendum; quid minus decet, quàm
factioforum hominum, & partium
studioforum ducem te & antesigna-
num profiteri?

Administri tui ad modestiam &
obedientiam condocefacti, ne præter id, quod par est, sapiant. Vtqui
grauiter peccârunt sine venia amo-
uendi sunt: Ita sine iusta causâ, nemo
temere abdicandus est: Singuli autê
cum aulici, tum reliqui subditi tui
pro eorum meritis *præmio & pœnâ*
retinendi; in quo vno omnis rectæ
administrationis fundamentum est
positum. Singuli prout apti & idonei videbuntur, ita negotiis præpo-
nantur. Caue autem ne vnus o-
mnia administret; ne & ipse intu-
mescat, & cæteri hoc illi inuide-
ant.

Homines simplices & veraces

Tac.
eod. &
1. Ann.

Reip.
basis.
Arist.
Pol.
Tac. in
Agr.
Dion L.
52.
Xen. in
Agef.
Ifocr.
in Sym.
& ad
Phi. Id.
de per-
mut.
Cic. ad
Quin.
Fr.

qui vel assentando, vel dissimulando
nihil reticent, hi tibi in deliciis sunto. Maledicos obtrectatores minime feras: firmam concordiam, &
amorem non simulatum inter tuos stabilias: denique vno verbo vt
dicam, in palatio tuo pax excolatur,
inuidia relegetur; modestia fouea-
tur; perditus luxus exterminetur;
humilitas euehatur; superbia repri-
matur: in omni autem Aulica tua
disciplina is modus & ordo teneatur,
vt cum exteri huc te inuisum aduo-
lent, cum Regina *Sheba* tuam pru-

1 Reg.
10.

dentiam, Regiæ domus maiestatem,
aulicorum tuorum ornatum, & de-
corem admirentur.

Omnis
fale co-
fortiu.

Summum autem omnis cōsortii,
& societatis bonum, non aliunde,
quàm à proba, & pudica cōiuge ducenda pendet. Nulla enim tam arctè
cōiuncta quàm vxoris societas repe-

Gen. 2.
21.

ritur: hęc sola *caro ex tua carne, Os ex
ossibus* tuis, vti *Adamᵘ* de *Eua* loqui-

LVI:

tur:&quia certo constare nõ potest,
num tu funus meum prius, quam
tuam spõsam ducere debeas, breui-
ter hac in re meum cõsilium tibi ex-
ponam.

Primum igitur cogites velim,
coniugio nullum maius a Deo immortali siue bonum, siue malũ hominibus immitti, pro ratione eiusdem secundi vel aduersi successus.
Sed quum sine benedictione diuina
in ista coniunctione nihil prospere
euenire queat; Tu igitur in vxore
deligenda, tum in eadem regenda, i-
ta teipsum & compares & prepares
oportet, vt benedictionem hanc tibi
accersere possis.

Preparationem tuã eam volo, vt *Prepa-*
corpus tuum purum, putum, sine la- *ratio*
be & macula impollutum vxori tuæ *conin-*
tradas: id enim suo iure sibi vendi- *gii.*
care poterit. Quorsum enim tu ca-
stam tibi virginem postules, quum
tuum corpus luem contraxerit?

F

aut cur dimidiatam tuî partem purgatam deſideres, alteram autem partem pollutam retineas? Et quamuis probe ſciam obſcœnam iſtam libidinê à maxima hominum parte inter leuia delicta numerari; tibi tamẽ in mentem veniat, quid in primo libro de conſcientiæ rectæ teſtimonio dixerim. Singula enim delicta & legum tranſgreſſiones, non ad hominũ leuiculorum fragilem trutinam, ſed ad Dei cum Legiſlatoris, tum Iudicis diuinam cenſuram æſtimanda ſunt.

Audi verò Diuini Numinis, ex ore Pauli, præceptum: *Abſtineas à fornicatione: Nullus enim mœchus regnum Dei poſſidebit.* Audi Diuum *Ioannem* grauius in iſtuc crimen inuectum, qui iſtiuſmodi ſpurciſſimos in *canum & porcorum numerum aggregat; indignos qui ſanctam illam ciuitatem Hieruſalem ingrediantur.*

Iam verò tecum perpẽdas velim,

ſiquis

1.Cor.
6.10.

Reu.22.
15.

Si quis ita animum induxerit suum,
vt leue illud delictum putet, quod
Deus graue & capitale crimen iudi-
cet, ex libidine & appetitu, non con-
fcientiae norma omnia peccata me-
tiens quid ni idem etiam in reliquis
rebus omnibus fecerit, ad quas tur-
bido quodam animi impetu defera-
tur? Tandem vero eo prouehatur
amentiae, vt Dei loco efferatas suas
cupiditates dominari sinat: Quae alia
de isto homine spes esse poterit, qua,
indomitae suae cupiditati tanquam
furiosae dominae, qui mancipio sese dederit, vt ab eadem certissimam
perniciem & interitum expectet?

Libidi-
nis peri-
culosi
effectus

Sed quoniam ita omnes compa-
rati sumus, vt domesticis exemplis
plus percellamur; paulo altius tecũ
perpendas, quantum illud Regis aui
mei, & meum patris tui inter se dif-
ferant coniugia. Illius incontinétiæ
à deprauata educatione profectæ,
quod aliud præmium fuit, quã duo-

rum pulchellorum. Principum simul & femel funeſtus interitus? V-
nica filiola hærede relicta; quam antequam vel aſpicere vel benedicere
potuit, mors ipſum oppreſſit: Quo
pacto. ſuplici cláde populum ſuum,
affecit: ætate infantula, ſexu fæmi-
na, quæ poſtea regnum adminiſtra-
ret?

De diuina autem in me benedictione, quanto maiorem continen-
tiam mihi indiderit, & vberiores e-
iuſdem fructus largitus ſit, tu ipſe
& tui ſimiles teſtes eſſe poſſitis lo-
cupletiſſimi: quos nondiffido, quin
ille Deus pro ſua infinita miſericor-
dia ſaluos & ſoſpites mihi conſer-
uabit, & eoſdem etiam augendo in
longam-poſteritatem propagabit
Ne ergo te pigeat ab omni immun-
ditie perpurgatum tuum corpᵘ ſeruare, quod *Templum eſt Spiritus ſan-*
cti: Omnibus voluptatum illecebris
tanquam Syrenum cantibus aures.

t II2

tuę occludendę funt;virtutes à vitiis
ex ipfa rerum veritate, non hominū
opinione rite difcernendę funt.

Tres autem præcipue in cōiugiò
confiderandæ caufæ funt, ob quas
primum à Deo inftitutum fit Poftea tria alia accidentia non neglige̅-
dā; quę tamen quoufque & quatenus petenda funt, modo primariis
illis caufis nihil derogetur.

Tres primariæ caufæ funt, *Ad li-*
bidinem perdomandam, *Ad liberos*
procreandos. Ad feipfum confolandum
ex hac commoda, & iucunda focieta-
te. Ne igitur matrimonium diffe-
ras in fenectutem vfque : nam ad
fedandas & reftinguendas iuuentu-
tis cupiditates inftitutum fuit. Regi autem ob bonum publicum ma-
ture vxor ducenda eft. Neque verò
quamcumque ob caufam vxorem
ducas vel ætate, vel natura, vel acci-
dente ad procreādos liberos minus
habilem, aut impotentem : duplex

Matri-
monii
inftitu-
tio.

Ar.7.
Pol.

Id. eod.

hoc in Rege peccatum foret, & in
seipsum & in rempublicam: neque
aliquam ducas vel malè moratam,
vel malè eductam. Nam vt adiumento, non impedimento viro esset,
fœm. nam natura in lucem procrea-
uit.

Tria autem illa accidentia siue
accessoria, quorum ita ratio haben-
da est, ne principali derogetur, sunt
hæc: Pulchritudo, Diuitiæ, Affini-
tas: quæ omnia à diuina benignitate
dimanant. Ex pulchritudine amor
in vxorem accenditur, & vagæ libidi-
nes euitantur : Diuitiæ & Affines
subsidiariam operam cóferunt, quò
maiori ea adiumento tibi esse possit.
Quod si accessoria ista pluris quàm
par est, æstimentur, principaliora
autem negligantur, quod plerunq;
vsuuenire solet: Quemadmodū ea, si
benè vtaris, magno emolumento esse possunt, ita si deprauatè, in tuam
pernciem cóuertentur. Quid enim

vel

*Matri-
monii
Accesso-
ria.
Aeg.
Ro.1.de
reg.pr.*

vel opes vel forma proderit, si quis
aliquam ab inferis Proserpinam vitæ suę consortem nactus sit? Tum
demum & nimis certò & nimis serò
experieris, venustatem sine veritate,
potentiam sine prudentia, affinitatē
sine honestate, nihil aliud esse quàm
deformem vetulam, fuco obductā,
& vnguentis delibutam; quàm mortifera venena aureo poculo propi-
nata.

Tu verò, mi fili, in coniugio tuo
primarias illas tres causas potissimū
respicias: quę omnes à prima eiusdē
institutione profluunt: Et *cætera o-*
mnia adiicientur vobis. Et propterea
mea hęc optio est: vt cęteris paribus
eam potius duceres, quæ eandem tecum religionem profitetur. Et quā-
quā cum summo dolore meo, Principum Protestantium potentiorum
numerus valde exiguus sit, & propterea tanto maiores in isto consilio
difficultates oriantur; tu tamen etiā

Matth.
IIo
Cautio
præci-
pua in
matri-
monio.

atque etiam cogites velim, quî fieri
poſſit, vt tu & vxor tua vna caro ſi-
tis, & vnionem pluſquam Platoni-
cam illam Monadem excolatis, &
tamen duabus Eccleſiis oppoſitis
voſmet quaſi membra ſubiiciatis:
diſcrepans religio, diſcrepantes ſem-
per mores ſecum, introducit: & diſ-
ſentio veſtrorum Theologorum
diſcordiam etiam in populo gignet,
dum à vobis ipſi exemplum ſu-
munt.　Tum verò ne malè edu-
centur liberi veſtri magnum immi-
net periculum.　Neque in eo tibi
placeas, quod eam ad tuum arbitrium effingere & efformare te poſſe
ſperes; in eo omnium prudentiſſi-
mus ipſe Salomon lapſus eſt. Con-
ſtantiæ vero ſiue fructus, ſiue floſcu-
li, vereor in noſtris hortulis ne non
naſcantur.

Tum verò quid maius, quid diffi-
cilius in omni vita moliri aut aggre-
di quis poterit, quam vxorem ducere?

Caſt-
damab
iufecto
ſangui-
ne.
✝ Plat. 5.
de rep.

re?de primo præfertim matrimonio
loquor. Nam fi villus & abiectius
infra fuam fortem & conditionem,
primam vxorem duxerit, vix autne
vix quidem vnquam poftea famam
& exiftimationem fuam recupera-
bit.

Poftremoeundem delectum in
vxore tua feceris, quem in famulis
tuis, vt ftirpe integra & incorrupta
fit, non hæreditariis morbis vel animi, vel corporis inquinata. Nam fi
in canum & equorum genere dele-
ctus habeatur, quanto magis in liberis noftris procreandis folliciti effe
debemus? Hæc in coniugio tuo fi rite obferuaueris, magnam & confci-
entiæ tuæ, & honoris, & naturalis boni fuccefforum tuorum rationé habere videberis.

Maritus cum fis, coniugale tuum
promiffum Deo factum inuiolatum
ferues: id totum in vna re facienda, in
altera fugienda pofitum eft.

Cic. 2.
de Diu.
Arift.de
gen.Ani.
Lucr. 4.

Ihuxore tua maritali amore tractã-
da,(eadimidium tui est)&in corpore
tuo nulli alteri communicando;cui⁹
illa & proprietaria & vsufructuaria
iure suo existit.Hic iam à turpissimo
illo adulterii vitio plurib⁹ te dehor-
tari non erit necesse.   Illud solum

Pla.11.
deLeg.
1.in
Sym.

obliuisci nõ debes, quid solenni illo
die Nuptiali Deo spoponderis:cuius
sponsionis vi & virtute sola, hæredi-
tarium illud ius successionis ad liberos tuos descendit, id quod nullo a-
lio modo fieri poterat:equum igitur
est,vt ea pro virili tua parte à te præstari debeat.

Cic.2.
de leg.

Periurii crimen Deum semper a-
cerbum vltorem habet:Neque verò
elusorium illud ; aut iocosum iura-
mentum dici debet,quo Regna hæreditario iure liberis deferuntur.
" Quin Regis aut mei exemplum tibi
" ob oculos continuo obuersetur cu-
" ius adulterium vnicæ suæ filiolæ &
" hæreditam calamitosam cladem attulit,

tulit, poftquam funeftum illum fpu-
rium procreaffet, qui contra & Soro-
rem & Reginam fuam nefarie & im-
piè arma geffit.   Quid autem boni
deinceps in illius pofteros ex tam
perdita & profligata progenie redů-
darit, Bothueli flagitiofæ molitiones,
& proditoriæ machinationes argumento effe poffunt. Religio ergo tibi fit coniugalia pacta temerare, nifi
diuina benedictione te priuari ex-
petas.

Quomodo autem erga confugē
tuam te gerere debeas, e facris literis
documenta haurias ; quafi propriæ
carni tuæ, ita illi indulgeas, fed tanquam dominus imperes ; vt adiutri-
cem foueas, vt pupillam regas: Quæ
iufta & debita funt lubens concedas.
Sed in alienis rebus ne curiofa nimis
fit, erudias; tu illi capitis locum, illa
tibi corporis vicem fuftinet: Tuum
eft dominari; illius obtemperare; ita
tamen fuauiter & mufico quodam

Arift. t.
Ethic.
& 2. Pol.
Xen. &
Arift. in
œc.

concentu hæc temperanda sunt, vt
nihilo illibentius illa ad parendum,
quam tu ad imperandum accedat.
Tu præcedas, illa prompte subse-
quatur: tuus amor illi soli firmis nexibus conglutinatus sit; illius vicis-
sim affectus omni studio tuæ voluntati officiose subiiciantur.

Vt concludam, tria hæc diligenter custodias: Nunquam patere vt
vxor tua in publica administratione
sese intromittat: sed in domesticis
solum negotiis se contineat: atque
hæc etiam tuo arbitrio moderanda
sunt. Casto & sobrio, modesto,
& honesto gynæceo stipata maneat:
nam lubricus, & fragilis fæmina-
rum sexus. Nunquam vno eodem-
que tempore in iracudiã simul pro-
labamini: sed quum illam commo-
tiorem videris, tu tuam bilem ratione compescito: nam sedata ira, in
quo illa offenderit recti̊ iudicabis:
illa autem cum ad sese redierit, & suum cr-

Arist. 1.
Rhet.
Plat in
Menon.
Aegid.
R de
Reg. 1.
Plat. 5.
de Rep.
& 7. de
leg.

um errorem facilius agnoscet, & tuã
reprehensionem rouerebitur. Si Deus prole te bearit, sollicitus sis de proba & liberali eorum educatione. Ita eos diligas, vti æquum est: sed tantum faxis resciscant, quantum natura & ingenium eorum postulabit. Tui etiam amore & timore perpetuo in officio retinédi sunt. Quod si tria hæc regna tuo iure obtinueris, primogenitum tibi *Isacum* constituas, reliquis de priuatis possessionibus prospicias; secus enim ex familia erciscunda & hæreditate diuidunda ipsum semen diuisionis & discordiæ in posteros tuos transfundi necesse est. Id quod huic Insulæ contigit ex illa partitione inter filios *Bruti, Locrinum,* *Albanactum,* & *Cambrum.* Quod si forte nullam à Deo sobolem acceperis, proximo in successione, nulla à te fraus, nulla iniuria fiat. Regna enim & imperia à Deo solo dantur, legantur.

Regis officiã in liberorum educatione.

PLin Tã & 5. de rep. & 6. & 7. de leg. Ar. 7. Pol.

Cautio ad liberorum discordiam vitandam.

Polib. 5. In Regna nõ cadit Alie. natio.

Nos autem vsufructuarii tantum sumus: neque vlterius vel Regibus, vel
populo, suos hæredes exhæredandi
potestas vlla concessa est.

Plat. in
Pol. Cic
ad Qu.
Fr.
Quemadmodum autem Palati-
norum tuorum cœtus reliquo populo exemplo esse debeat, Ita tu Aulicis tuis lumen, & speculum præfe-
ras, cuius splendor, famulis tuis re-
ctam virtutis viam commonstret, &
viuam tuarum virtutum imaginem
referat, ad quarum imitationem ipsi
sedulo contendant.

Non est quod ego iam quatuor
Vera
Tem-
peran-
tia v-
sus.
Arist. 5.
& 6 Pol.
Cic 1.
Off. 2.
de Inu.
& in Par.
moralium virtutum tibi scholam a-
periam: trita hæc, & Regia via est. Id
solum dico, vna harum Temperan-
tia reliquarum virtutum regina tibi
esto. Nec verò vulgari more Temperantiam illam intelligo, quæ ingu-
stu & tactu, & in istorum duorum sen-
suum moderatione consistit. sed illã
potius moderatam prudentiam, cuius vi primum tibi ipsi modum im-
ponas;

ponas, tum abſoluta quadam pote-
ſtate indomitis tuis animi affectibus
fraenum iniicias poſtremo;iuſtaf periti medici omnes vitae tuae actiones
prudenter & ex arte permiſcere, nõ
confundere ſcias. In omnibus igitur
non ſolum affectibus & perturbatis
animi motibus, ſed etiam in actionibus tuis virtuti maximè cõſentaneis,
Temperantiam hanc & moderationem tanquam ſummam ducem ſe-
qui oportet. Etenim quantumuis
Sanctimonia inter praecipuas illas, &
maxime neceſſarias, hominis Chri-
ſtiani virtutes numeretur ; vtpote
quae à vera cognitione timoreque
Dei deriuetur. Tamen (cuius etiam
te in primo libro commonefactum
memini)&in hiſce tuis exterioribus
actionibus ab illo fonte licèt proflu-
entibus, modus quidam & modeſtia, ratio & moderatio adhibendae
ſunt. Idem iam mihi de Iuſtitia dicendum eſt , earum virtutum quae,

Sācti-
monia.

G

Regiæ propriè sunt omnium maxima.

Iustitiam exerceas, sed ea moderatione temperatam, vt in tyrannidem minime degeneret. Secus enim, *Summû ius summa sæpe iniuria est.* Exempli gratia: Si quis spectatæ probitatis vir à latronibus obsessus, ad iustam sui defensionem & inculpatam tutelam, vnum eorum fortè fortuna interimat: Illi & numero plures, & vitâ perditi & profligati homines etiam, fama publica innotescunt: Hic vnus & solus, vir integer & illæsæ famæ; sed quia nulli testes oculati reperiâtur, qui de primo aggressore certum testimonium perhibere possunt, num igitur vir honestus in discrimen capitis vocabitur, & mortis pœnam luet? Præterea, legibus nostris municipalibus cautum est, nequis sub grauissima mulcta pecuniaria vicini vel personam inuadere, vel limites violare auſit:

Iusti-
tia.
Plat. 4.
de Leg.
Ar. 1.
mag.
mor.
Cic 1.
Off.
pro
Rab.
& ad
Qu.Fra.
Sen. de
cl.

fit: vicini equus forte fortuna in vicini pascua irrumpit, eademq; depa-
scit: num igitur dominus equi tribus
librarum millibus. mulctandus est,
quia hoc modo quadrupes pauperi-
em fecerit? Minime verò gentium.
Leges enim ad humanam societaté Arist.
tuendam, & ad bene beateque vi- & 1.
uendum, non ad homines circum- Rhet.
ueniendos ordinatæ sunt. Et proin- Cic pro
de non ex nudis verbis, sed ex vero Cecin.
sensu & mente earum leges interpre-
tationem sortiantur. Nam *Ratio est*
Anima legis.

Et quod hactenus de Iustitia, i-
dem nunc de Clementia, de Magna-
nimitate, Liberalitate, Constantia,
Humilitate ceterisq; Heroicis virtutibus dicere liceat. *Na in medio cos-* Falsæ
stit virtus. Sed tamé astutia & fraude extre-
diabolica factum est, vt extrema il- moru
la duo vitia, vicinitate boni, eius- repræ-
dem simulachro fucum nobis non- senta-
nuquam faciant: cum tamen inter i- tis.

G 2

Extre-
ma in
quo cō
currät.

sta nulla prorsus similitudo sit. Ipsa
etiam extrema, quanquam inter sese oppositione quadam aduersari sibi inuicem videantur: tamen quò altius tendunt, eò facilius ad extremū,
pyramidis more, in idem punctum
vtraque coeunt. *In infinitis* enim *o-*
mnia concurrunt. Quę enim tandem
differentia est inter proiectam illam
tyrannidem, quæ vniuersi generis
humani interitu sese oblectat, & ab-
iectam in puniendo tarditatem, qua
cuique in vicinum, & socium suum
tyrannico modo sæuire, & grassari
permittitur? Aut quid quæso aliud
est illa perdita prodigalitas, qua luxuriose profundendo omnia amitti-
mus, quàm extrema auaritia, qua ac-
cumulando diuitias, nullis omnino
gaudemus? Asellorum more, qui in
tergo plane saginam gestant, ipsi interim inedia miseri pereunt. Quid
etiam interest gloriosus *Nebuchad-*
neʒʒar, fastu & pompa totus tumi-
dus,

dus, & præpostero Puritano in humilitate efferato, ad paritatem suam prouocanti, nihil aliud quâ vermes, & cineres prędicanti, & tamen iura, & leges Regibus præscribenti, cum ipse nullum frænum, vel à rege, vel à Lege patiatur? Mea quidem sententia, maiorem sepenumero sub istiusmodi hominis sordido palliolo, quã sub Alexandri Magni purpura fastũ & arrogantiam latitare deprehendes: id quod de Diogene aliquando simili in re dictum fuit.

Ante omnia verò contendas vt propriam artem tuam ad vnguem ędiscas. Ea nihil aliud est, quàm bene imperare: Id cum dico, ómnes tibi artes addiscendas suadeo. Nam nisi omnes noris, quì fieri potest, vt omnes corrigas? id quod proprie tuũ attingit officium. Præter institutionem igitur illam quam à præceptoribus acceperis, necessarium erit, vt in librorum lectione, & omnium

G 3

rerum licitarum cognitione temet
obleƈtes: duplici tamen hac cautione adhibita. Primum, vt fucciſiuas
horas tibi feponas, nequepublici tui
muneris executionem interrumpas:

Id.2.de Tum, ne ociofam illam rerum fci-
Sa. entiam curiofe affeƈtes, fed vt tibi v-
fui & publico bono effe poſſit: illam
antem cognitionem ad aƈtiones vitæ communis & muneris funƈtio-
nem accommodes. Nequeleuium

14.7. iftorum Aftrologorum fimilem te
Q&. effe volo, qui dies noƈtefque Cæli
motus, & fyderum curfus inuefti-
gant, non aliam ob caufam, quam vt
fuæ ipforum vanitati, & fimilium
curioforum defideriis fatisfaciant.
Sed quum omnes artes & fcientiæ
communi quafi vinculo inter fe có-
neƈtantur, fumma autem & maxima
earum principia in vno eodemqᵉ có-
fentiant: (quod eleganti inuolucro
poetæ obtexerunt, dum nouem Mu-
fas omnes forores effe fingerent) tu
hifce

hifce artibus inuigiles, vt ex earum
harmonia & concentu omnium fci-
entiarum cognitionem elicias: quibus etiam ab intimis confiliis te effe
volo, vt tãto facilius eas in ordine &
modo conferuare queas, quod antea
à me dictum est. Leue .n. onus est rerum fcientia, cuius grauitate aut põ-
dere nunquã vel humeros tuos pre-
mi, vel moleftia te affici fenties.

Primum igitur in facris literis te *Sacræ*
verfatum effe oportet: non folum vt *litera.*
de falute tua certior fias, verum etiam vt Eccefiafticos tuos in officio *Deut.17*
continere queas, tanquam *vtriufque*
Tabulæ cuftos. Eos enim rectè gubernare non minimam muneris tui
partem effe duco. In primis autem
cauendum est, ne eos errare aut va-
gari ab inftituto in fuggeftis finas.
Quod fi in pacata & tranquillà republica viuere experis, interminare illis, ne rebus politicis & forenfibus
fefe vnquam immifceant: Et qui pri-

G 4

mum hoc tuum præceptum temerare aufit, grauem pœnam luat. Nunquam quicquam contra eos vel dicas
vel facias, nifi authoritate & rationũ
momentis munitus fis; nec pluribus
difceprare contra eos tibi conducit.
Ego nimium illis hac in re, etiam ad
naufeam vfque, indulfi: eorum auté
mos eft nunquam cedere. Ecclefia-
fticorum conciliabula & conuenti-
cula, nifi te fciente & permittente, ne
feras.

 Secundum à facris literis locum,
tuarum legum cognitio occupet.
Nam quomodo de iis rebus iudicare poteris, quas non cognoueris? E-
nitere vt omnes tam conftitutiones
tuæ, quàm proceffus Iudiciarii bre-
uiter & dilucide, quoad fieri poterit, expediantur: certoque tibi per-
fuadeas, harum rerum prolixitatem,
cum diffolutam varietatem, tũ am-
biguam obfcuritatem femper gi-
gnere: Breuiora quæque & certiora

           &

De Le-
gibus
Muni-
cipali-
bus.
Plat. 4.
de Rep.
& 6. de
leg. A-
rift. 1.
Rhet.

& expreſſiora ſunt: Longę autem i- Cie. 1.
de Orat.
ſen. in
Lud.
ſtæ ambages ad nihil aliud vtiles
ſunt, niſi ad Aduocatos & amanuen
ſes locupletandos, cum ſummo totius prouinciæ damno & detrimen-
to. Nec te pigeat publicos conſeſſus Publici
cõſeſſuả
frequẽ-
tandi.
& tribunalia frequentari, modoſq;
procedendi ſtudioſius indagare; vt
ſi forte quis vel ambitus vel largitio
nis reus deprehendatur, quam fieri
poſſit acerbiſſime puniatur. Neque
te ab iſto incepto deterreat tua à
quibuſdam expectata gratia & fauor,
qui tua preſentia expeditiorem ſpe-
rent Iuſtitiam. Quanquam in eo potius gratificari debeas tenuioris for-
tunæ hominibus, qui à negotiis ſuis Plat. in
pol. Ar.
1. rhet.
Cic. ad
Qu Fr.
Plut. in
Iſo.
tam diu litibus vacare nequeunt,
quique ſæpe etiam à potentioribus
impediuntur. Cum verò eò acceſſe-
ris, memineris locum illum in quo
conſideas, non tuum ſed Dei tribunal eſſe: & propterea nullus fauor,
nulla gratia te ab eo quod iuſtum &

G 5

" æquum est dimoueat ; nullus ibi lo-
" cus, vt antea dixi, vel amicis gratifi-
" candi, vel inimicis obsistendi, sed vt
" Iustitiæ inseruias. Tibi etiam inter
Iustitiam & Æquitatem distinguendum est. Neque enim misericor-
dia commotus in pauperem, diuiti
auferas quod suum est, quia satis habet quod det : sed & breuioris statu-
ræ homini largiorem tunicam adiu-
dices, si modo ad illum iure spectat :

Xenop.
΄.Cyr.

Ita errorem Cyri iunioris in hac re
facilè effugies : Nam & Iustitia vi legis suum cuique distribuit: Æquitas
autem in arbitrariis Iudiciis cuiq; illud dat, quod æquú est, & quod melius illi conuenit.

Consi-
lium
secreti-
us.
Cic. ad
Qu.Fr.
Tac.1.
hist
Plut. in
Dem.

A secretiore consilio tuo rarius
absis. In illo consessu de publicis
Regni negotiis, deque insolentum
hominum iniuriis reprimendis agitur. In illo Iudicio res qua possis succincta breuitate & perspicuitate tra-
ctentur ; neque ibi vllis. Aduocatis

aut:

aut dilatoribus locus fit, fed vnus-
quifque fuam caufam oret. Te verò
querelas oppreſſorum audiendi tæ-
dium non capiat: Aut ne *Rex ſis*: Singulas cauſas ad ſua ordinariā iudicia remittas, & confuſio euitetur:
tuumverò id munus erit, vt ſingulos
ad ſtrictam ſui officii rationem red-
dendam reuoces.

Proximum eſt, vt te ad lectionem *Hiſtó-*
Hiſtoriarum Authenticarū & Chro- *riarum*
nologias euoluendas adhorter, præ- *lectio.*
ſertim verò in domeſticis noſtris Hi-
ſtoriis te verſatiſſimum eſſe cupio:
Ne ſis peregrinus domi : Nam & iſtiuſmodi exempla te propius attingunt. Neque tamen famoſos illos Li- ,,
bellos *Buchanani*, aut *Knoxii* Chro- ,,
nica, intelligi hîc volo: Si quod hu- ,,
iuſmodi ſcriptum ſuperſtes inuene- ,,
ris, eiuſdem depoſitarii legis ſeueri- ,,
tatem perſentiat. Nam in eo Pytha- Plat.in
goræ diſcipulum te eſſe velim, vt Men.
exiſtimes ipſos manes iſtorum ſe-

G 6.

ditionum flabellorum μετεμψυχώσει quadam in eorum corpora trãsiisse, qui eorum vel libros retinent, vel dogmata defendunt: quos non minore supplicio plectendos eenseo, quàm si ipsi authores iam à mortuis essent resuscitati. Ex historiis Authenticis &Chronicis legendis praxin cum θεωρία coniunges, & preterita cum presentibus conferes. *Quia nihil nouum sub sole*: Ea est rerum humanarum volubilitas, & inconstantia, vt ad Cælestium orbium motus quasi in circulo omnia voluantur: Quod in *Ezechielis* insomnio de Rotis pulchrè depictum, & in Poetarũ *rota Fortunæ* ingeniose effictum legimus. Legendis autem Historiis quomodo versus & publicos Legatos te gerere debeas facile addisces: pariter etiam disquirere &disceptare res ad eorum statum & gubernacula pertinentes. Inter prophanas autem Historias præcipue tibi commen-

Ar. II.
rhet.
Pol. I.
Pluf. in
Tim.
Cic. 2.
de Orat.
Eccief.
I.

Ezech.
I.

mendatos habeas *Commentarios Cæ-* "
saris, cum propter dictionis suauita- "
tem, tum ob materiæ dignitatem. "
Hęc enim mea semper fuit opinio, "
illum vnum reliquis omnibus qui- "
cunque aut sunt, aut fuerunt, paga- "
nis Ducibus & Imperatoribus in rei "
militaris & vsu, & præcepto, multis "
gradibus antecellere. "

Reliquis etiam literis humanio- *Artes*
ribus te mediocriter excultum esse *huma-*
cupio : sed magnum aliquem in iis *niores:*
magistrum aut professorem te nihil Sen. ep.
moror: Id enim esset à maioribus tui [84.]
muneris negotiis te auocare: Et cum
Archimedis exemplo te circulos & Liu.l.
semicirculos in puluere ducente pa- 24.
tria ab hoste capta erit, quàm indi- Plut. in
gne id populus tuus tulerit, cogitare Marc.
poteris. Mathematicis etiam te tin- *Ma-*
ctum esse non nocebit, presertim ad *thema-*
artis militaris peritiam, ad castra me- *tica.*
tandum, ad aciem instruendam, ad deLeg.
loca tum muniēda, tum obsidenda, Arist a.
& id genus alia. Met.

Ista autem sciẽtia tua vide ne plã-
ne mortua sit, vt Diuus *Iacobus* de fide loquitur. Sed in quotidianis vitæ
tuæ actionibus faxis elucescat.

Veram magnanimitatẽ amplexare,
non in vltione & vindicta sumenda,
in qua maxima hominum pars adul-
terato iudicio magnanimitatem po-
nunt; sed è contra potius, qui te offenderit, indignum eum putes cui
succenseas, tuæ iracundiç imperan-
do, in eoq; triumphando, quod tibi
ipsi vel inuito veniã extorqueas. Vires autem iracũdiætuæ parce & fru-
galiter depromas: ac si eas data opera reseruare cupias ad domesticas in-
iurias repellendas, &inuasores casti-
gandos, tum etiam ad externas im-
pressiones propulsãdas, iustòque
bello hostem coercendum. Quum
verò insignem aliquam iniuriam deprehenderis, da & concede aliquan-
tulum iracundiæ tuæ, vt instar tor-
rentis cum impetu decurrat. *Iratus*

Rex.

Rex Leo rugiens. Humilitas non si-
mulata tibi in precio sit: omnis, fastus exulet, cum in Deum, tum in parentes: nó enim materia, sed vsu dif-
fers, idque diuina prouidétia, à quouis è populo infimo. Quod si contigerit, vt vxor mea defuncto me su-
perstes extiterit, illam, sub poena
maledictionis meę, debito suo honore ne defraudes:*Bersbebam* tibi à
dexteris in solio colloces: nulla de
causa illam offendas, ne dum iniuria
lędas:illius memineris.

Que longa decem tulerit fastidia menses.

Quod ex illa tuam carnem & sanguinem desumpseris: nec verò lu-
uenum nostrorum Baronum more
prima tua bella matri indicéda sunt.
Tu verò vt ab illa optime mereri có-
tendas:neq; te cum multis decipi sinas, qui parentum suorum maledi-
ctionem, quam non sunt meriti, vt i-
psi inquiunt, nihili faciunt. Absit vt
isto modo Naturę ordiné inuertas,

præcipiti in parentes iudicio, præsertim cum propria tua causa agatur.
Immo hoc tibi persuadeas, parentú
seu benedictionem, siue maledictio-
nem, certam quandam diuinationis
in se vim & virtuté continere. Quod
si nihil aliud esset, ideo Parentes honore prosequendi sunt, vt longæuus
esse possis: quod ab ipso Deo in lege
sua promissum accepimus. Illos etiã
qui *loco parentum* tibi sunt, honore
afficias: quales sunt gubernatores,
institutores, & præceptores tui, quibus & gratiam referre, & præmia
conferre necessum erit. Id & obli-
gatio & existimatio, tua à te efflagi-
tant.

Sed videndum etiam est, ne ex i-
sta vera humilitate tua iusta indigna-
tio vel tardior vel remissior fiat, si
quãdo insignes inuasores & oppres-
sores in conspectum tuum prodire
ausint: Istiusmodi enim feroci vultu,
truci aspectu, minacibus verbis per-
terre-

Exod.
20. Xe-
no.1. &
1. Cyr.

Cic. ad
Qu. Fra.

terrefaciendi funt. Quod fi fub fpecie & fimulachro Iuftitiæ (vt fæpe-
numero fit) tenuiores homines ab
iftis potentioribus opprimantur,
neque id iure corrigi, aut refici pof-
fit : id faltem fiat, omni gratia & fa- Arif 5.
uore tuo penitus excidant: & quum Pol.
occafio tulerit, potentiç tuç aculeos
faxis perfentiant : neque alio modo
iniuftos iftos, quàm in Chrifti para- Mat. 18.
bola duos illos debitores tractados
cenfeo.

Veram conftantiam affequere, Vera
non folum vt probis & honeftis be- conftã-
neuolum te & humanum oftendas, tia.
fed etiam vt inuictum animum in re- Arift. 4.
Eth.
bus aduerfis retineas : non infenfi- Thuc 3.
bili illa Stoicorum ftupiditate, qua 6. Cic. 1.
plurimi noftris temporibus, veterẽ off & ad Q.F.
illam fectam imitando, gloriam ve-
nari volunt; & tamen in omni vita
morum fuorum leuitate & incon-
ftantia, tam grauem profeffionem
ementiuntur. Et quanquam è faxo,

aut robore dolatus non sis, ita vt ca-
lamitates non sentias; earum tamen
sensus aciem tibi mentis adeo non
præstringat, vt ad salutaria quæque
consilia capienda, optimaq; indagã-
da remedia omnem tibi viam &adi-
tum præcludat.

Veram magnificêtiam versus bonos omnes exerceas, quod in tuum
honorem & incolumitatem cedat:
sed ea tamen cum ratione modo-
que, vt vnusquisque pro sua mensu-
ra à te accipiat: in quo ordinis, virtutis, necessitatis cuiusque ratio ha-
benda est. De vectigalibus tibi sedulo prospicias, &ne temere sine causa
profundas. Inprimis autem cauendum; ne ordinarii Coronæ tuæ re-
ditus imminuantur, quibus & tuum, & successorum tuorum decus
Regium conseruari oportet; *Ne ex-
hauriias fontem liberalitatis*: illud autem *sacrosanctum & extra commerciũ*
custodiri conuenit: aliter enim libe-
rali-

ralitas in prodigalitatem degenerabit, si dum aliis prodesse vis, tibimet ipsi, & tuis successoribus noceas.

Ante alia nolite locupletare, noua & grauia populo tributa imponendo; sed tuorum opes, & facultates, certissimas tuas diuitias existimato. Delinquentium mulctæqui nullo alio modo refrenari possunt, tibi iusto in lucro deputetur. Quod si bellorũ necessitate, vel alia de causa extraordinaria nouæ pecuniarum viæ, noua subsidia à populo conquirendæ sunt: id rarius tamen feceris: ipsæ autem ad eos vsus, quorum causa inuentæ sunt, conferantur. Tu autem in istis collectis tuorum subditorum *fidus solũ depositari⁹ sit*. Prudentiæ autem vis maxime cernitur in delationibus veris à falsis diiudicandis, in quo quidem persona, delatoris primum consideranda: secundo, quanti eius intersit, bona vel mala, delatæ partis conditio, tum ac-

Iso. 7. ep. Xea. 8. Cyr. Phil. Cō. 10.

Arisṭ. 5. Pol. Delatores. Iso. ad Phil. in Panath. & deper. Cic. ad Q Fr. Plut. de Curio.

cusationis, pbabilitas, seu verisimili-
tudo: postremo, mores & vita præterita delati. Apage autem istos delatores
vaniloquos, maledicos, susurrones,
sycophantas de quibus eleganter in
Trinummo suo Plautus. Et quanquam verum illud sit, nisi occultan-
do, Principem res magnas efficere
non posse; multo tamen satius erit,
quid veri, quid falsi in delatore sit,
explorare, quàm nimia credulitate
innoxium & innocentem falsa su-
spicione condemnare. Nam quum
hæreditarius Tyrannorum morbus
sit suspicio, exulceratæ conscientiæ
fructus; in alteram partem peccato
potius, id est, ne cuiquam huiusmodi crimen suspiciose affingas, qui illius criminis semper antea insci⁹ fuerit, atq; ignarus.

Ut ergo totum hoc caput, quod
ad mores & conuersationem tuam
pertinet, concludam; cogitandum
tibi est, fontem & authorem omnis

boni

Iso. de
pac.
Cic.3.
Off.

Deum immortalem esse, qui nescio
quo instinctu, & Naturę lumine mi-
rificum ipsarum virtutum amorem
hominibus ingenerauit:quod vete-
rum Romanorum exempla ad viuũ
demonstrant. Tu igitur elabora, vt
quantum tuis ciuibus ordine & gradu, tantum etiam omnibus virtute,
& pietate praeluceas: cuius in omni
vita tua assiduus vsus temporis progressu in confirmatum habitum e-
uadat, atque vt legum tuarum audi-
tores, ita actionum tuarum specta-
tores, cum oculis, tum auribus alle-
cti ad virtutis amorem, vitii o-
dium, recta sine prolapsio-
ne perducantur.

Cic. 1.
Tusc.

DE
REGIS OFFICIO
IN REBVS INDIF-
ferentibus.

Liber Tertius.

C:ph.8.
a deleg.
Quin.
4.dec.

Etus & verum est, Regis vitam magnis theatris pro-positam esse: cui singulæ actiones, minimiq; gesta fixis oculis ab omni populo cospici-antur. Sit ergo quâ velit in munere suo exequendo Rex accuratus: po-pulus tamen, qui extremam tantum faciem videt, ad Substantiam discer-nendam per accidentia diducitur. In exterioribus leuior est & dissolu-tior? quidni præiudicata quadam opinione idem etiam de interiore Regis mente certo sibi polliccan-tur? Quod quanquam Tempo-

re

re veritatis Indice contrariis ma-
nifeſtatum effectibus, facile euane-
ſcit:*Interim tamen pariter inſtus*: nã *Actio-*
ex præiudicata hac opinione oritur *nes in-*
contemptus, contemptus omnis *differe-*
rebellionis mater, & procreatrix: & *Pha. in*
præterea, certo certius eſt, ſingulas *Phil. &*
has vitæ noſtræ actiones, quæ *indif-* *9 deleg.*
ferentes appellantur, certis quibusdam nexibus vel cum virtute vel
cum vitio colligari, ab iiſdemque
pendere, prout bene vel male ad-
miniſtrentur: neque enim inter iſta
magis, quam inter ipſorum merce-
des, Cœlum, & Gehennam, tertium aliquod aut medium aſſignari
poteſt.

In eam igitur curam incumbe,
mi fili, vt omnes haſce medias tuas
actiones ita effingas, & efformes,
vt ad interiores animi tui virtutes
efferendas non nihil afferant adiu-
menti.

Vniuerſæ autē vitæ noſtrę indif-

Actio-
num
indiffe-
rentiū
2.gene-
ra.

ferentes actiones in duo genera diuidi possunt. Nam vel in rebus necessariis, quomodo nos gerere oporteat, vt in victu & vestitu, somno, gestu, loquendo, scribendo, & id genus aliis ; vel in rebus non omnino necessariis, sed licitis tamen & conuenientibus, quales sunt ludus, iocus, exercitatio, societas, conuersatio, & hæc animi causa.

Res in-
differē-
tes ne-
cessaria

Rebus autem indifferentibus necessariis, etsi per se carere non possimus, atque hac ratione proprie indifferentes dicendæ nō sunt, quemadmodum etiam si modus, & ratio in iisdem non adhibeatur, sed ad alterum extremum deflectam⁹, quod est in vitio: modus tamen, & forma iisdem vtendi, virtutis aut vitii speciē referre poterit, & magno esse vtriq; subsidio.

Vt ergo à rebus necessariis ordiamur, inter Regis illas actiones indifferentes, illa quæ magis publica est,

quæq;

quæque in oculis, & luce plurimo-
rum, præcipue Exterorum, maximè
versatur, est Publici victus ratio, &
quomodo in mensa se gerere soleat.

Regibus igitur hic mos inualuit,
publice victum capere: atque vt idé
faciant valdè conuenit, nó solum ne
hoc illis vitio vertatur, quod societa-
tem, & conuersationem minus a-
ment, quod Tyrannorum propriũ
est; sed etiam dum priuata victus ratione delectantur, ne hoc ideo facere videantur, vt gulæ & ingluuiei e-
pulones tantò liberius clâculum in-
dulgerent, quod publice conspicie-
rubescerent.

Mensæ tuę apparatus splendidus
sit: Appetentiæ tuæ paucis ferculis
satisfacias: idem *Cyrus* minor facti- Xen.1:
tauit: quod & sanitati magis condu- Cyr.
cet, & ab illa nimis lauta & delicatà
victus ratione, quę gulam proxime
attingit, magis est alienum.

H

Plut. in
Apoph.

Cibis paulo craſſioribus & cómu-
nibus veſci aſſueſcas: cum vt corporis vires magis augeantur, ſiſque &
ad pacis & belli labores tolerandos
infractior, tum vt libentius ſubdi-
torum tuorum menſis conuiua acci-
piare, cum videant te hoſpitem non
multi cibi : quod ſi contra fieret, &
tibi hic luxus & faſtus vitio dabi-
tur, & illi indignabundi ad hæc tibi
præſtanda officia accedent multo
tardiores.

Sen. ep.
96.

Victus autem tui ratio ſimplex o-
mnino ſit, ſine compoſitionibus aut
condimentis, quæ ad medicamenta,
quam ad alimenta propius acce-
dunt. Hęc nimia lautities apud veteres Romanos pro turpi vitio habita
eſt: cuius vſus eſt ſolum, vt guſtui
noſtro imponat, non naturæ neceſ-
ſitati ſatisfaciat. Atque hoc nomine

Sen. de
conſo-
lat. ad
Alb.

Apicius ciuis Romanus malè apud
ſuos audiuit, quod comeſſationibus
ſeſe ingurgitaret, abdomini totus
dedi-

deditus. Quid autem cum Romanis
tum Græcis magis infensum & o-
diosum fuit, quàm illud deforme &
monstrosum *Philoxeni* optatum de
collo Gruis? At quanto laudabilius
illud omnium penè in ore vulgare
dictum, *Optimum Condimentum*
fames: quo vno omnes istæ falsarum
appetitionum imposturæ facilè re-
felluntur.

Alterum in cibo, & potu vitium
cauendũ, Excessus est, id est, Crapu-
la & ebrietas; vitium in Rege omni
um turpissimum: táto autem magis
hoc cauendum est, quod non, vt
cætera vitia languescit, sed vires ac-
quirit senectute. In modo autem
& forma victum capiendi; nec te nimis rudem & agrestem tanquam Cy-
nicum, nec præter modum mollem
aut effæminatum esse oportet: sed
viriliter, rotundè, decorè omnia facienda sunt. In mensa, negotiis & seriis cogitationibus planè supersedé-

H 2

Marginal notes:
Iuuen.
saty. z.
Atil. 4.
Ethic.

Xen. de
dict. &
fac. Soc.
Laert
in Socr.
Cic. 5.
Tusc.
Plat. 6.
de leg.
Plin. li.
14.

Cic. 1.
Off.

dum. Vultus tum hilaris & apertus
prę te ferendus est:festiuitatibus in-
dulgendum; facetis historiolis aliquid temporis dandum est: vt hoc
modo vtilia iucundis admisceantur.
Quod si id non placeat, tum iucundis, & acutis, sed honestis. sermonibus tempus conteratur.

Somn° Plat. 7. de leg.

Sed quum cibus sommum prouo-
cet, vide, vt in somno etiam moderatio teneatur : in quo magnam vim
habet consuetudo. Memineris autem si vniuersa hæc vita tua in quatuor partes distribueretur, tres earū
in cibo, potu, somno, aliisque negotiis non necessariis consumeren-
tur.

Victus ratio.

Quamuis autem somno ciboque
plerunque stata sua tempora destinata sint;tu tamen ita te in istis assue-
facias, vt singula temporum momé-
ta pariter habeas: vt inde rebus ge-
rendis victus ratio ancilletur, non
cibo negotia famulentur: in vtroq;
vero,

verò, tam cibo, quàm somno, molli
& effeminato viuendi generi vide ne
nimium indulgeas, præsertim cum
castra tibi sequenda sunt.

Camera tua caue ne nimium fre- *Came-*
quens sit, cum ocio & quieti vacare *ra.*
velis: cum vt indecorum vitetur, tū
ne dicta vel facta tua palam effutian-
tur.

Cubicularios tuos fidos & secre- *Cubi-*
tos esse oportet. Nam multa Regi *cularii*
occultare vtile erit: & tamen etiam *quales.*
in secretioribus tuis eo modo te ge-
tas, vt si in publico foro prædicanda
essent, minime tibi pudori forent.
Qui tibi à cubiculis sunt, illæsę, & integræ famæ esse debent.

Caue insomniis tuis ne nimiam *Insó-*
fidem adhibeas: omnes enim hæ re- *mnia*
uelationes ac diuinorum vatū præ- *negli-*
dictiones Christi aduentu effectum *genda.*
& finem sortiti sunt. Ne ergo te o-
minosa præsagia aut insomniorum
terriculamenta quicquam contur-

bent. Hunc errorem inscitia produ-
xit, homine Christiano plané indignum: cui illud Pauli liquido constare debet, *Omnia esse pura puris:* fi-
delib⁹ nullum, vel ciborum, vel die-
rum discrimen.

Rom.
14. Tit.
1.

De victus ratione iā diximus. Proxime sequitur, vt de vestitu dicamus:
hęc enim actio somnum commupi-
ter subsequitur.

Vesti-
tus.

In vestibus modum adhibeas: neque sis luxuriose prodigus, nec sor-
didè auarus, nec meretricio more
comptus; non desidiose indutus tanquam iners, aut rusticus; non leuiter
& inepte vti Cretensis miles, aut au-
licus iuuenis, nec grauiter nimis, veluti Theologus.

Isoc. de
reg.

Cic. 1.
Off.

Sis in vestitu aptus, mūdus, decēs,
honestus: omné ornatum negligas,
sed adsit tamen quædā incuria grata:
mediam teneas viam inter Togatos
& paludatos, inter grauitatem vni⁹ &
alterius leuitatem: vnius grauitas al-

teri-

terius leuitate temperanda est: vt inde significes mixtam tui muneris rationem: vtramque te professionem participare: Togati tanquam Iudicis & iura prescribentis, Paludati quasi gladii potestatem habentis. Nec hoc solum, sed ex Ecclesiastica, & ciuili composita tua conditio est: neque enim Rex mere laicus dicendus est, vt Papistæ & Anabaptistæ hallucinantur, cui errori etiã Puritani nimium astipulantur.

Sed vt ad propositum redeamus, omnis vestiendi ratio ad primã illam Dei Institutioné reuocari debet: in quo tria potissimum consideranda sunt. Primũ, vt obscoeniores nostras partes occultet: secundò, vt gratiam quandam & decorum afferat: tertio, vt ab æstu & algore nos defendat. Si ergo vestes primum inuentæ sunt vt obscoeniores corporis partes procul à sensibus amandarent, quid indignius, quam in ipsa vestium for-

H 4

Pl. de reg.

ma aliquam turpitudinē oculis ſub-
iicere? & ſi nobis decoro & hone-
ſtati eſſe debeant;quid minus decet,
quam vt compoſitis quibuſdam le-
nociniis ad turpiſſimam nos libidinem exſtimulent?qualia ſunt mere-
tricii iſti fucus, cicinni,calamiſtrata
coma:&ſi invita hac noſtra ab incle-
mentia cæli tutanda, earum vis plurimum cernitur;quę tandem amen-
tia hæc éſt, tanquam ſaxa inanimata
adeo Deum cótemnere,nullamque
vel temporum vel tempeſtatum rationem habere,ex calore & frigore
gloriam captare?

Et quamuis Principi magnæ laudi ducatur, vt algoris & æſtus patiés
ſit, præſertim cum in aciem & campum procedendum eſt; tamen multò magis conuenire arbitror,vtquis
armatus & veſtitus, quàm nudus &
inermis in prælium deſcendat:niſi
ideo fortè leui armatura indutus in-
cedat,vt eò facilius in pedes ſe conii-
ciat:

ciat : Quanquam timidis & meticu-
losis *metus soleat addere alas.* Breui-
ter, in te veftiendo ratio & propor-
tio quædam tenenda eft, cum anni
temporis, tum ætatis tuę.

De modo & forma ne fis admodũ
follicitus; fed ad communem con-
fuetudinem, præfentemq; vfum o-
mnia accommodes, nõ nũ quam maior fumptus, aliquando etiam minor
tibi adhibendus eft, prout occafio
tulerit; neq; certæ alicui regulæ aut
normæ adhærendum eft. Nam fi i-
ftiufmodi occupationibus animus
tuus tot° deftrictus reperiatur, quid
ni in numerum iftorum afcribaris,
qui *compti iuuenes* cognominantur?
quo fiet vt & ingenium & iudicium
tuum tántò minoris æftimetur. Ante
alia verò caue ne in veftibus mollis
aut effæminatus fis, neve ex Narthe-
cio vnguento oleas.

Tempore belli, tibi & licet, &
expedit in veftitu pompa & magnifi-

Cic. 1. Off.

At ad Alex.

H ſ

centia in vultu maiestate animique
magnitudine, cæteros omnes vin-
cere. Tu etiam caue sis ne te omnib?
deridendum propines, dum demis-
sum capillum & longos vngues præter modum excrescere sinas : nam
cum naturæ excrementa hæc sunt,
tum homines vel vanos, & leues, vel
naturâ vindictæ cupidos facilè ar-
guunt: nihil verò ineptius, quàm in
hisce rebus exterioribus ad victum,
& vestitum pertinentibus votorum
religione sese obstringere.

Quæ arma aulæ conueniant. Militaria Indumēta nec tibi, nec
aulicis tuis ordinarie portanda sunt,
sed ea solum quæ Nobili & Equestris
ordinis viro digna sunt: qualia sunt
ensis, gladius, pugio. In aula enim
grauis armatura, perturbationem
indicat in prouincia. Nō solum ergo
omnia illa offensionis arma parrici-
dárum & sicariorum propria, legib?
interdicta, vti bombardæ, sclopeti,
de quibus antea diximus, sed prodi-
                                        toria

toria etiam ista defenſionis arma, lo-
ricæ, thoraces, & idgen° alia quæ oc-
culte geſtantur, aſpectumq; fugiunt,
longe ab aula exulare oportet. Nam
preterquam quod qui hæc portant
malitioſo id animo facere preſumũ-
tur, tum illis vſibus carent, quibus
hæc deféſionis arma deſtinata ſũt:
ii ſunt, vim vi repellere, & hoſtib° o-
culorum acié ſplédore ſuo preſtrin-
gendo, metum & terroré incutere:
Immò verò ad vtrumq; horum prof-
ſus inutilia ſunt: nec tam ad reſiſten-
dum imbecilla, quam ad accipien-
dos ictus periculoſa : Nihil indicii
aduerſus hoſtes præbentia : ideo ſolum inuenta, ſub fidei prætextu, vt
fidem datam fallant, quod viris pbis.
ſemper probro eſſe debet, Aliud ſi-
mulare, & aliud præſtare. Ad iſtuc,
quid aliud habent quod reſpondeant, niſi illud, *Vetus Scotorum conſue-
tudo eſt*? At verò Antiquitas ſine veritate vetuſtas erroris eſt : id quod

H 6

etiam de Missa dici poterit, quæ a-
deo apud maiores nostros inualuerit.

Proximus iam sequitur de sermone sermo: cui etiam gestus adiungē-
dus est: nam & actio ex præcipuis illis
rebus vna est, quæ in Oratore requi-
runtur. Vt lingua aures percellit, ita
actio oculos auditorum afficit. Cum
in oratione tum in actione, natiuus
quidam, non fuco illitus, dicendi

Sermo. modus adhibendus est. Nam vt Gal-
Gestus. lorum prouerbio vtar, *Nihil simula-*
Arist. 3.
ad The- *tum laudabile* : In vtroq; autē omnis
od.
Cic in affectatio fugienda.
or ad
Qu. Fra. In sermone sis apertus, honestus,
& ad naturalis, decorus, purus, breuis,
Brutum neruosus, in quo, duo extrema vitia
Cic. 1.
Off. vitanda tibi sunt: neq; enim rustico
& corrupto Idiomate vtendum, nec
è libro aut atramento, scribarum
tuus stilus accersendus ; nedum
molliter, & effeminate loquendum
est.

Ora-

Oratio tua naturalis, pura, sensi-
bilis sit: qua id, quod sentias eloqui
possis; certis & solidis fundamentis
nixa; grauitate, acumine, hilaritate
temperata, pro re subiecta, & tépo-
ris occasione.

Neque dicteria è Theologicis
petenda, vel sacræ literæ in comes-
sationibus & compotationibus, id
quod nimis multi faciunt, ad scurri-
les iocos, & facetias, pphanè detor-
quendæ sunt.

Idem etiam in gestu modus adhibeatur: neque inertem & stupidum
pedantem referas, nec insolito & in-
solennigestu, peregre reuersum militem gloriosum imiteris: ita autem
teipsum ad patrios mores accómo-
des, vt in gestu tuo nihil nisi natura-
le, nihil nisi graue & decorum appa-
reat. In officiosa vrbanitate parcus
ne sis: id enim non tam inciuile quà
arrogans iudicabitur, neque in nutu aut gestu profusior: illa popula-

Cic. 2.
Off.
Phil. ad
Alex.
Cic. 2.
Off.

ris ratio *Abſalone* quam legitimo
Rege magis digna: ſemper autem ad
præſentem actionem ſimilis geſtus
eſt formandus eſt: Cum pro Tribunali ſedeas, aut publicos legatos audias, cum maieſtate grauitas; cū priuatim inter tuos verſeris, domeſti-
ca familiaritas; cum iocis, aut faceris
ſermonibus interſis, iucunda hila-
ritas; cum bello & militaribus negotiis præſis, in vultu heroica magna-

nimitas fac elucescat.   Hoc vnum
etiam tibi iterabo, vt in ſermone a-
pertus & ſenſibilis ſis: nam præter-

quam quod lingua mentis ſit inter-
nūtia, nimias in Rege & animi & pe-
ctoris anguſtias redargueret, ſi quā-
do obſcure, nedum minus verè elo-
queretur, quaſi cuiuſquā formidine
veritatem reticeret.

Aliud tibi ſit, ratiocinando res ar-
gute diſceptare, aliud vltima ſenten-
tia res diiudicatas definiendo decla-
rare: in ſuperiore iucundum & pati-

entem,,

entem, vti hominem priuatum, non
tâquam Regem te mostres oportet.
Aliàs enim si disertus sine aduersa-
rio esse vis, nec contradicentem feras, quidni pro authoritate satis, pro
ratione parum te dixisse omnes iu-
dicent?

Sed in muneris tui administratione maturo Iudicio deliberandum
est, priusquam definiendo, sententia
pronuncietur: qua semel pronun-
ciata, omnis postea contradictio
cum tuæ maiestatis authoritatem
diminuere, tum ipsum processum
Iudiciarium in infinitum protrahere
videbitur. Eadem etiam forma
ab ommibus magistratibus & iudi-
cibus inferioribus observari debet.

Nunc autem ad stilum tuum &
scribendi genus quod attinet (id nihil aliud est, quam quædam loquen-
di forma quasi in album relata) in
eo vide vt perspicuitatem, breui-

Sentē-
tia tua
acqui-
escen-
dum.
Is. ad
Nic.
Cic. ad
Q. Fr.

Princi-
pia sti-
lus.

tatem, dignitatem confecteris, cum
in publicis edictis tuis, tum præcipue in literis ad Exteros Principes
missis. Quod si vel ingenii impetu,
vel quadam animi inductione. aliquid prosa, siue versu scriptis man-
dandum censeas, bonaquidem cum
venia hoc. facere poteris: illud solû
cauendû est, ne dum longa nimis o-
pera aggrediaris, à muneris tui fun-
ctione auoceris.

In hisce autem scriptis tuis vide
Cic. 1.
Off. ne nimium tibi assentando placeas,
sed priusquam in lucem prodeant,
alicuius in ea arte periti examê sub-
eant : quæ quoniam veram animi
tui imaginem posteritati referant
oportet, caue nequid in iis indecore,
ne quid turpiter, aut inhoneste à te
dicatur: *Horatii* illud præceptum i-
mitare,

Nonumq, prematur in annum.
De Ar-
te Poe-
sica. quod & de soluta, & de ligata tua o-
ratione intelligi volo.

Pri-

Primus ergo ſtili tui feruor, quo ſcripta hæc ſunt, ad tempus deferueſcat: tum deinceps antequam in publicum emanent, tu tibi alienus iudex & ſeuerus cenſor eſto: & vide num *Decies repetita placebunt*: Quia *Neſcit vox miſſa reuerti.*

Si opera te digna edere cupias, materiam ſubiectam, dignam te, ſeligas oportet; in qua plus virtutis quam vanitatis inſit: obſcuritatem effugias: perſpicuitate te oblectes. Quod ſi carmé tibi componendum eſt, memineris ſummas poetæ laudes eſſe, non vt copia & delectu verborum fluat, aut omnia ad numerū apte cadát; ſed potius, vt quum ſtrictiór illa oratio in vagam, laxam & diſſolutam conuertatur, tam diues tamen ea & inuentionis acumine, & poetarum floſculis, & pulchra aptarum ſimilitudinum varietate reperiatur, vt etiam adhuc antiquum carminis nitorem, & priſtinam verſus

Id. eod.

Ar. de Arte poetica.

venuſtatem retinere videatur.

In vernacula autem lingua hæc à te ſcribi velim: nam neque Græci nec Latini quicquam intentatum iam reliquerunt: & ſatis multi quotidie è ſcholis prodeunt magiſterculi, qui in hiſce linguis tibi pares eſſe poſſunt: quid verò Regem magis deceat, quam propriam ſuam linguam ab omni illuuie purgatam locupletare? & nouis quibuſdam ornamentis condecorate? cuius elegantia, vt etiam & in reliquis rebus quibuſcunque, modo licitis & honeſtis, omnibus ſuis ciuibus ipſe ſolus palmam præripiat?

Plat. 6.
de Leg.
Ar. 7. &
& Pol.
Cic. 1.
Off.

Rerum autem minus neceſſariarum quæ modò licere & expedire dignoſcuntur, nulla in Principe maiorem laudem & commendationem habet quã corporis exercitatio; in huiuſmodi nimirum ludis iociſq;, quibus corporis vires adaugeantur, ſanitas conſeruetur. Nam quamuis

Regi

Regi maxime neceſſaria ſit ingenii
exercitatio, ſine qua nimia ſocor-
dia & inertia exhebeſcat, & plane
rubiginem contrahat neceſſe eſt.
Tamen & corporis exercitationem,
ludos & certamina magna etiam in
laude ponimus, nõ ſolum ad ocium
& deſidiam omnium vitiorum procreatricem plane exulandam, verum
etiam vt corpus ipſum ad labores
ſuſtinendos confirmatius & durabi-
lius efficiatur:id quod Regi maxime
conducere arbitror.

Ex iſto numero eximendi ſunt o-
mnes illi ludi,&certamina rigida nimis & violentia; vt pila pedalis,non
ad confirmanda, ſed debilitanda potius hominum membra, curaque
ſuffringenda accommodata : tum
vero Funambulorum illa ars , qui ᴾˡᵃ·ᵉᵒᵈ·
Hiſtrionum & geſticulatorum , &
Mimorũ more de pane lucrando ſo-
lummodo certant. Illa vero exercitia, quæ ante alia ego tibi magis

comméndari velim, in quibus tamé modus tenendus eſt; hæc ſunt: currere, ſaltare, luctare, rudibus certare, tripudiare, pila reticulari, & palmariludere, iaculari, pilam malleo percutere, & id genus alia, pulchra, iocoſa, & tápeſtria certamina. Laudabilia quidém hęc fuerunt, ſed máiore honore digna ſunt illa, quæ nó niſi equo conſcenſo, monſtrari poſſunt: neq; quicquam eſt quod Principem magis vel deceat, vel condecoret, quam ſi artem Equeſtrem optime norit.   Tu ergo huic rei incumbas, vt equos militares & generoſos perdomare & regere ſcias: vt quod *Philippus* de *Alexandro Magno* idé & ego de te merito dicere poſſim, Μακεδονία ἄ σε χώρει: præcipue verò ad illos ludos & certamina equeſtria te aſſuefacias, quæ rectum armorum vſum etiam in equo te docere poſſunt, qualia ſunt in cócurſu equorum velitatio, haſtiludia, *tornea.*

Xen. in
Cyr.
Iſoc. in
Iug.

Plut. in
Alex.

neamenta vt vocant:nec tam eminus
hasta , quam cominus etiam gladio
depugnare discas.

Hic iam facere non possum quin
venationem in medium adducam,
eam nimirum quę canibus venaticis
expediri solet:quæ reliquis venatio
num speciebus honorificentior, no-
bilior & præstantior existit. Nam ex
insidiis feram adoriri, & sclopetis &
balistis traiicere , aut venabulo trãs-
uerberare, quam proxime id latro-
cinium accedit : & Gallicis quidem
canibus venari minus militare mihi
videtur.

Sed ne à nimio studio & amore in
venationem profecta videatur lau-
datio mea, ad *Xenophontem* veterem
illum & celebrem scriptorem te re-
mittendum censeo : cui neuter no-
strum, vel beneficio, vel iniuria co-
gnitus, vt alterutri assentandi sit occasio: ab illo ad iuuenem Regem in
stituendum, sub persona *Cyri* effigi-

*Vena-
tio.
Canes
odori
& saga
ces.*

*Canes
celeres
& fuga
ces.*
1. Cyr.
& de
rep. Lac.
Cic 1.
Off.

em iufti & diligentis Imperii defu-
mere poteris.

Cyro-
pædia.
Aucu-
pium.

Aucupium verò vti condemnare
nolo, ita parcius laudare neceffe eft:
propterea quod ad militiæ fpeciem
minus prope accedit, quam venatio,
quæ & hominem fortem, & robu-
ftum, & equitādi etiamperitum red-
dit. Tum verò fortuitis cafib⁹ magis
obnoxium, & quod omnium deter-
rimum eft, turbidorum animi affe-
ctuum, & incitamentum, & fomentū
exiftit: fed in omnibus iftis ludis io-
cifq; is modus & moderatio tenēda,
vt nullum officii faciendi tempus
prætermittatur: id femper religiofe
obferuandum eft. Vt ergo tu officii
tui caufa ortum habes, ita hæc tibi&
nata & data funt exercitia, vt prom-
tius & paratius ad officium faciendū
accederes.

Arift.
10.Eth.

Ludi
dome-
ftici.

Iam verò ad quietos illos, feu de-
fides potius, & domefticos ludos io-
cofque defcendamus; quibus homines

nes tempus ipſum non tam conte-
rere, quam potius ſua ſponte tanquā
ſatis currētem equum, vt in prouerbio eſt, ſtimulis agere ſolent. Iſti autem etſi neq; ad corporis nec animi
exercitationem quicquam proficiã-
ant, omni tamen ex parte reiicien-
di non ſunt: quandoquidem nonnunquam illa loca ſupplere ſolent,
quæ ſi vacua eſſent, ocioſis & perni-
cioſis cōgitationibus nimium pate-
rent: *Quia nihil poteſt eſſe vacuum.*
Minime igitur quibuſdam noſtri ſe-
culi curioſis hominibus, ſed doctis
tamen, adſtipulari poſſum, qui char-
tis pictis, talis & teſſeris, & huiuſmodi aliis fortunæ ludicris omnino in-
terdicunt, quanquam alias eos tanquam graues & religioſos viros magni facio: in eo enim falluntur, quod
fragili argumentorum fundamento
nitantur: id eiuſmodi eſt, Talis & teſſeris ludere eſortiri eſt, hoc autem illicitum: Ergo. Inquo vide quantum

Ariſ.
Pol.

Dẽ. de
luſu a-
lez.

hallucinentur: Nam & fortis iactus
primum ad eruendam veritatem in-
troductus est, quæ nullo alio modo
liquere potuit: Et propterea quædá
species diuinationis est habita. E có-
tra verò nemo ad istos ludos accedit
indagandæ veritatis causa; sed solum
quantum velit pecuniarum, in eué-
tum chartarum aut talorum periculi-
tatur: haud secus ac si quis de canis
aut equi cursu, pignore certâret.
Hæc igitur si illicita sunt, omnes si-
militer pignoribus concertationes,
quæ de incertis rerum euentis insti-
tuuntur, illicitas esse oportet. Sed
neque à me hæc itadicta intelligivo-
lo, quasi leuiculorum ludionum in
in me patrocinium susciperem, prę-
sertim eorum, qui facultates & tempus, cuiusprecium perpauci ęstimát,
in decoctorum & luxuriosorum cir-
culis continuis consumunt: minime
Cic. de verò gentium. Immo potius aman-
Off. dandi huiusmodi ludi sunt, vbi istę
morum

morum corruptela vitari nõ potest:
tibi certe nonnunquam venia hæc
concedẽdaest, quum nihil aliud habes, quod agas, (id quod diligẽtiRe-
gi rariusaccidit) corpore male affe-
cto, cęlo ingrato, & iniucundo; tum,
inquam, lege nõ refragante, ad istos
ludos, omnemq; animi remissionem
descendere poteris. Talorum verò
lusus, qui vel à fortuna, vel à versatili
manu & colluforia iacientium arte
totus pendet, perditis decoctorib°,
& prodigis militibus magis conuenit, quęad tympani sonitũ omnia sua
exponunt. Scaccorum ludus Philo- ,»
fophicum planè deliriũ est, quo ho- »»
mines alioquin prudentessępius ni- »
mia cum ratione insaniũt. Nam quũ *Scacco-*
omnia hęc ludicra ideo primo inuẽ- *rum*
ta sint, vt postquã rèbus seriis & gra- *ludus.*
uibus satisfecerim°, negotiis defessi »»
animis paululum relaxemur & respi- »»
remus: contrarium prorsus in ludo »»
fcaccorum euenit: ouius imaginarię, ,»

.i

‟ pugnæ, multiplices difficultates, &
‟ variæ fortunæ vices, quasi de Troia-
‟ no bello ageretur, ita ludentium ani-
‟ mos exagitant, vt multo maiores ex
‟ ipso ludo, quàm ex præteritis negotiis
‟ molestias percipiant.

In Ludendo autem tria à te obseruari præcepta cupio. Primum, priusquam ludas, cogites te solùm animi
causa id facere: quicquid precii loco
deposueris, te totum id periclitari.
Proximum erit, vt nonplus in certamen afferas, quam cuius iacturâ inter pueros & atrienses seruulos facile
patiaris. Postremo, sincere, integre,
& bona fide ludas, sine decipulis, sine
fraude, aut veteratoria arte, ne metri-
endi consuetudo quasi per iocum tibi
obrepat. Quod si fortehasce regulas
tenere nequeas, si me audire velis, ab
omni prorsus ludo abstineas: Neque
enim ex iactura perturbatum animum, nec desiderio lucri machina-
tam fraudem, ludum ioeúq; quis dicere poterit.   Iam

Quæ in
ludêdo
regula
tenêda
sunt.

Iam verò in omni negotio susci- *Sociorū*
piendo, cum in ludis & exercitatio- *delectᵒ.*
nibus, tum in grauibus tuis & seriis
negotiis, aptos tibi & cōmodos ad-
iungere socios non licitum solum e-
rit, sed etiam necessarium: sed prout
occasio sese obtulerit, ita temporum
momenta distinguenda erunt. Pro *Iso. de*
vtriusq; etiam ratione societas tibi *reg.*
Cic. 1.
deligenda est. A venatoribus de pu- *off.*
blicis regni negotiis, consilium ne
petas: neque verò publica tua negotia, venādi aut ludendi tempore, expedire tibi oportunum erit. Similis
etiam ætatis tuæ temporum ratio ha-
benda est, ad quam & exercitia & so-
dalitia tua aptè accommodari opor- *Arist.*
tet: cuiusque enim ætatis & personæ *ad Theo*
od.
sui mores, sua conditio est: à quibus
aberrare in vitio ponimus: noua autem, inusitata, absurda, summa cum
cura vitanda sunt: ne in illam satyrici
Poetæ reprehensionem incidamus. *Iuuen.*

Optat ephippia bos piger, optat arare ca-
ballus.

Ludorum verò focii & æquales tui,
ex probis & honeſtis perſonis eligã-
tur, non vitieſi, aut infames, obſcœ-
na iocoſis immiſcentes, Quia

Corrumpunt bonos mores colloquia praua.

Menan. Imprimis autem cauendum tibi eſt,
ne in cœlibatu tuo leuicularũ fæmi-
narum in cõſortiis & colloquiis fre-
quẽs, aut nimius ſis: illinc nihil, præter *Irritamenta libidinis.* Et ne malè
tibi conſulas, dum ludiones tuos ſeu
facetos ſcurras tibi in conſilium aduoces: neque cum iſtis Mimis & co-
micis quotidie cõuerſeris. Hæe enim
Plat.3. Tyrannorũ oblectamenta ſunt, qui
de Rep.
Ar.7. & Comœdiarum, & Tragœdiarum nõ
8.Pol. tam authores, quam actores etiãſeſe
Sen.1.
ep. gloriantur: vnde *Philoxeni* poetæ *Sy-*
Dionyſ *racuſarum* Tyranno cõtumax reſpõ-
Suid.
Sueton. ſum iam in prouerbium venit: *reduc*
in Ner. *me in latomias:* Nec verò iam moriẽs
Nero quicquam de ſe magnificentiꝰ
prædicabat, quam illud, *Qualis arti-*
fex pereo: peritũ cithærœdũ & Tra-
gœ-

gredum sese innuens: & certè quid
aliud vniuersa eius vita, quam Tra-
gœdia extitit?

Te fidibus canere minime decet,
multo minus mercenariis instrumé-
tis sonare, aut artem tenere mecha-
nicam. Istis *Anima sedes in extremis
digitulis*, inquit diuinus *Salustius*: cuius opera, cuiuis tum Principi, tum
homini Christiano lectu dignissima,
cupio te. Nocturna versare manu,
versare diurna. Ex hilari amicorum
tuorú conuictu, ab importunis quorundam petitionib⁹ nonnunquam
te liberes. Homo enim cú sis, rationum momentis, nó importunis po-
stulationib⁹ te commoueri oportet:
Qua de causa, & ad Maiestatem etiá
tuam magis augendam; neq; meo e-
xemplo cuiuis & quouis tempore tá
facilis ad te pateant aditus, teque è
contra Regum *Persarū* more, quasi
in carcere cóclusum, & penitus ob-
seratum esse decet, quin certas quas-

Curt. 8.
Liu. 35.
Xen. in
Ag.
Cic. ad
Q Fr.

I 3

dati horas etiam publice supplican-
tibus praestituas.

Quùm verò sperem (id quod sæpius dixi) te Diuina prouidentia ad
plura Regna natū esse, omni & tuo &
tuorū aulicorū conatu, & studio cō-
tende & elabora, vt in rebus indifferentibus sensim, paulatimq; cæte-
Prudēs
cautio.
ra tua regna pertrahas ad imitatione
illius, quod institutum mélius, ma-
gisque excultum, quod tuo imperio,
tuisque legibus magis morigerum
inueneris: magna enim in hisce reb⁹
indifferētibus adiumēta sunt, quibus ad virtutis imitationem populi
tui incitentur. Sed aduerte, ne cogere eos velis, quos ducere possis: in
quo temporis & occasionis cōmo-
ditas tibi captanda est, & opportuni-
tati inseruiēdum: in quo plurimum
iuuabit, assidua cōuersatione & mutuis connubiis incolas cuiusq; prouinciæ ita inter se consociare, vt tēporis progressu facile in vnum coa-
lescant:

lefcant: id in istis duabus regionibus
tanto facilius præstari poterit, quod
vnam tantum Insulam Britanniam
efficiant, & vnam eandemque cum
linguam tum religionem vtræque
retineant. Quemadmodum autem
præterlapsis seculis ex diuturnis illis
& cruentis maiorum nostrorū bel-
lis, capitale quoddam & hæreditariā
odium duabus hisce nationibus in-
generatum est, quo alii in alios exar-
descerent: Contraria etiam ratione
si mutuis amicitiis, commerciis, ma-
trimoniis duæ istæ nationes in vnū
quasi corpus compactę & coagmen-
tatæ fuerint, ex mutua ista naturali
coniunctione, amorisq; nexu indis-
solubili, miros & incredibiles pduci
effectus necesse est. Cuius rei, fauéte
Deo, præclara satis iamdudum fundamenta iacta videmus: quibus in-
ueterata illa vtriusq; nostrū odia iā
pridem deferbuerunt; seu penitº ex-
tincta potius sunt; quod ex nulla alia

Vnionis effectus vtiles.

L 4.

causa profluxit, quam ex felici, illa &
diuturna inter me & chariſſimā ſo-
rorem meam Anglię Reginam ami-
citia, quam in huncvſq; diem perpetuo inuiolatam ſeruauimus.

Nunc tandem vt faſtigium huic
opuſculo & ſummam manum impo-
nam, memineris fili mi, vt à Deo ſo-
lo, & perpetuo totus pendeas ab illo
in functionibus muneris tui benedictionem expectes: cuius vſu exterio-
re interiorem cordis tui ſinceritatē
ſignifices: in hiſce autem rebus mediis ita te geras, vt viuam optimè af-
fecti tui animi imaginem exprimas.
Nec vero oneris tui grauitas & pon-
dus ita repremat, quin incredibilem
tuam in audiendo patientiā demon-
ſtres, neq; à quoquam te præoccupa-
ri ſinas.

Thucyd.
& Dion.
ll.

In concludendo maturus, in re-
ſoluendo conſtans ſis: multo enim
ſatius eſt etiam cum leui lapſu, deſtinata perficere, quā indies mutando,
nihil

nihil efficere. Vis exemplū tibi huiꝰ
re demonſtrem? En corporis tui ar-
tificioſam fabricam, alterum quaſi
mundum: quid bini illi oculi tui ſibi
volunt, niſi vt tāto diligentius omnia
perluſtres, & penitius in ipſa rerum
interiora introſpicias? quid binę aures, niſi vt vtramq; partem patienter
audias? at vero vnica ſolū lingua tibi
data eſt, vt ſimplicem, ſenſibilem, v-
niformem ſententiam pronuncies,
vnicum caput, vnumq; cor, vt quod
ſemel apprehenderis, id conſtanti &
vniformi reſolutione ꝓſequaris: du-
as autem manus, binoſq; pedes cum
multis digitis, ad expeditiorem rerū
exequutionem, dum omnia illa apta
inſtrumēta accerſas, quib. delibera-
tiones tuę ad effectū pduci poſſint. **Horat.**
lib.1. E-
Illud etiam ne obliuiſcaris, vt bilē **piſt. E-**
tuam concoquas priuſquam negoti- **pheſ. 4.**
um definias: *Ira enim furor breuis eſt:* **Ariſt. 5.**
In quo illud Apoſtoli præceptum **Pol.**
imitari debes, *Iraſcimini, ſed nolite.*

peccare. Illud tibi in deliciis sit, bonos non solum muneribus afficere,
sed etiam honoribus euehere; hoc
Regiū decus, hic splendor, hæc glo-
Plat. 9.
de Leg.ria; sed caue quéquam præter modū
efferas: nisi quatenʰ potentia & vires
prouincialium id ferant, improbi &
scelerati dignis suppliciis coercean-
tur; sed quisq; quod fecit, patiatur;
nec pater filii, nec frater fratris pœnam luat; multo minus ob vnius hominis delictum tota familia plecten-
da, aut vniuersa gens odio prosequé-
da est, nam Noxa caput sequitur.

Sequitur vt cuiusq; virtutis men-
suræ, eius amoris magnitudo respon-
deat; nec fauor tuus cuiquam diuti°
astrictus sit, quam illius virtus id a te
efflagitet: Nec iustæ vindictæ excu-
satio efficiat, vt tibi in vindicandis
in vnii conniuendū sit: nam prima
iniuria aduersus partem læsam com-
mittitur: cuius si ipse sese assertore &
vindicem præstet, hæc iam secunda

     violen-

violentia tibi infertur, dum in tuas possessiones, alieni irruunt: ad
quem sola gladii potestas spectat, ad
puniendas oppressiones, que populo tuo inferuntur.

Atq; hæc sunt, quę Diuina fretus
bonitate a te expecto; vt similitudi-
ne quædã & proportione inter se cõ-
cinant mea hęc institutio & tua naturalis dispositio: cui etiã illum sapien-
tis præceptorem, id est, aliorum exé-
plum pro institutore cõmendo, se-
cundũ ŏ illud: *Felix quę faciunt aliena*
pericula cauũ: quo pacto ex tua propria experiétia, nimis serã pœnitétiã,
stultorũ magistrã facilè vitaueris.

Iam in extremo illud ponam, vt à
te mi fili,& postulem & efflagitem, si
quæ vnquam meæ benedictionis tibi spes futura, vt continuo tibi ob o-
culos ,pponi facias muneris tui grauitatem, cuius fidelis & diligens ad-
ministratio precipua illa meta sit, ad
quam in omni actione collimes: hic

Pla. in
Pol.
Cic ŗ.
de rep.

tibi summus & præcipuus finis ſit,
reliqua omnia acceſſoria & media
quę ad hunc finem referuntur. Reli
quos verò patiaris alios aliis in reb⁹
excellere; tua huius vitæ gloria ſum
ma & ſola, ſit in ea quã profiteris arte
cæteris omnibus longe antecellere,
id quod præclare Anchiſes ſuis poſteris conſuluit, & ipſe Poëtarũ princeps ſublimi carmine cecinit, in quo
etiã meum Symbolum includitur:

Excudent alii ſpirantia mollius æra,
Virg. 6. *Credo equidem, & viuos ducent de marmore*
Æneid. *vultus,*
Orabunt cauſas melius, cæliquè meatus
Deſcribent radio, & ſurgentia ſydera dicent.
Tu regere imperio populos, Romane, memento:
(Hæ tibi erunt artes) pacique imponere mo-
rem,
PARCERE SVBIECTIS, ET DE-
BELLARE SVPERBOS.

FINIS.